Lieber Niko

Sandra Binder ❄ Tanja Husmann (Illustration)

WIE LANGE NOCH BIS WEIHNACHTEN?

24 Vorlesegeschichten für den Advent

SCM

SCM

Stiftung Christliche Medien

SCM ist ein Imprint der SCM Verlagsgruppe, die zur Stiftung Christliche Medien gehört, einer gemeinnützigen Stiftung, die sich für die Förderung und Verbreitung christlicher Bücher, Zeitschriften, Filme und Musik einsetzt.

Max-Eyth-Straße 41 | 71088 Holzgerlingen
Internet: www.scm-verlag.de; E-Mail: info@scm-verlag.de

Gesamtgestaltung: Dekoartistda GbR | Ole+Tanja Husmann | Freiburg
Druck und Bindung: Finidr s.r.o.
Gedruckt in Tschechien
ISBN 978-3-417-28856-8
Bestell-Nr. 228.856

Für Carl, Martin und Luise
Frohe Weihnachten!

Inhalt

Hast du deine Fensterbilder schon entdeckt?

In diesem Buch liegen zwei Bögen mit nummerierten Folien-Fensterbildern. Gestalte damit ein Adventsfenster! Jeden Tag kannst du ein Kapitel der Geschichte lesen und anschließend ein Bild an dein Fenster kleben. Wenn du die Figur später an eine andere Stelle rücken möchtest – kein Problem! Die Folienbilder lassen sich ganz leicht vom Fenster abziehen und woanders wieder aufbringen.

Du möchtest mehr Überraschung?

Dann bitte deine Eltern, die Fensterbilder für dich aufzubewahren, und lass dir jeden Tag nach dem Lesen nur das Fensterbild mit der passenden Nummer geben.

1. Dezember

Zu lange noch bis Weihnachten

Schon beim Aufstehen wurde Niko das Gefühl nicht los, dass in diesem Tag der Wurm drin war. Und dabei war es der erste Dezember, eigentlich ein Tag, auf den er sich immer freute. In der Küche hatten Mama und Papa gestern Abend bestimmt die drei Adventskalender für ihn, seinen älteren Bruder Lukas und seine kleine Schwester Sophie aufgehängt; und das erste Türchen zu öffnen, war jedes Jahr wieder etwas ganz Besonderes.

Aber nicht heute. Es war mitten in der Woche, es war Schule und Niko hatte keine Lust. Mama war unerbittlich, rauschte ins Zimmer, zog Niko die Decke weg und flötete: „Aufstehen, der erste Dezember ist da!"

Niko grunzte nur. Der erste Dezember, das bedeutete, dass es immer noch 23 lange Tage waren bis zum Heiligen Abend. 23 Tage mit Schule, Hausaufgaben, Geschirrspülerausräumen und mit zwei Eltern, die vor lauter Weihnachtsstress ganz kribbelig waren.

Während er am Frühstückstisch sein Müsli löffelte, dachte Niko nach, wozu der ganze Trubel eigentlich gut sein sollte. Natürlich, Jesus hatte Geburtstag, so viel war klar. Und wenn es einen Geburtstag gab, an dem man es so richtig krachen lassen sollte, dann war es wohl der Tag, an dem das wichtigste Baby der Welt seinen ersten Schrei losließ. Trotzdem. Kerzen? Bäume im Wohnzimmer? Sterne überall?

Buden auf dem Marktplatz? Was hatte das mit Geburtstag zu tun?
„Mama, warum feiern wir den Geburtstag von Jesus eigentlich nicht wie einen Geburtstag?", fragte Niko.
„Wie meinst du das, nicht wie einen Geburtstag?", wollte seine Mutter wissen.
„Na ja, wenn ich Geburtstag habe, dann kommen alle meine Freunde, es gibt Luftballons und Schokokuchen und wir machen eine Schnitzeljagd oder so. Und Jesus kriegt einen Baum und ein paar Kerzen?", sagte Niko.
Lukas lachte und verschluckte sich fast an seinem Kakao. „Du hast vielleicht Ideen. Sollen wir an Weihnachten vielleicht ‚Happy Birthday' singen? Und an Heiligabend eine Schnitzeljagd machen?"
Seine Mutter runzelte die Stirn. „Nun ... ich weiß nicht. Eigentlich hat Niko recht. Ich weiß nur, dass die Menschen schon sehr lange dieses Fest feiern. Und zu unterschiedlichen Zeiten haben sie sich eben unterschiedliche Dinge ausgedacht."
Niko löffelte weiter. Das stimmte, aber es erklärte nicht wirklich, warum die Menschen im Advent taten, was sie taten. Zum Glück war heute der Tag in der Woche, an dem Niko den Nachmittag immer mit seinem Opa verbrachte, weil seine Mutter lange arbeitete. Niko liebte seinen Opa. Ihn konnte er alles fragen.
Nikos Opa wohnte nicht weit entfernt, in einem kleinen Haus am Stadtrand. Das Häuschen hatte einen Garten und hinter dem Garten floss ein Bach.
Als Niko bei ihm ankam, öffnete sein Opa die Tür. Er hatte seine Winterjacke und die Gartenstiefel an. „Hallo Niko. Schön, dass du da bist. Ich wollte gerade nach draußen gehen und Holz für den Ofen holen. Kommst du mit?"
Niko warf seinen Ranzen in die Ecke und folgte seinem Opa. Der Holzschuppen stand ganz am Ende des Gartens hinter den Obstbäumen. Während sie über den Rasen stapften, fragte Niko: „Opa,

darf ich dich mal was fragen? Weißt du, warum wir im Advent so viele merkwürdige Dinge tun? Wir feiern doch einen Geburtstag, aber es ist nicht wie ein Geburtstag. Ich mag das ja alles sehr gerne, Adventskalender, Weihnachtsbaum und so, aber richtig verstehen tue ich es nicht."

Sein Opa füllte den Holzkorb und hielt inne. „Das ist eine gute Frage, Niko", sagte er, „denn es stimmt: Dieser Geburtstag wird nicht wie andere Ehrentage gefeiert." Er drückte Niko drei Holzstücke in den Arm und hob den Korb hoch. „Diese Dinge, die uns durch den Advent und an Weihnachten begleiten, nennt man Bräuche. Bräuche sind Rituale, die immer wiederkehren, wir tun an einem bestimmten Punkt im Jahr oder in unserem Leben immer dasselbe."

„Dann ist der Adventskalender also so ein Brauch?"

„Ja, sicher. Dadurch, dass wir ihn jedes Jahr aufhängen, wissen wir schon, was uns erwartet, und freuen uns darauf."

„Das erklärt aber noch nicht, warum wir das tun, was wir tun, und nichts anderes."

Opa setzte den Korb an der Haustür ab. Er schaute Niko eine Weile nachdenklich an und sagte dann: „Mein lieber Niko, du stellst heute mal wieder viele Fragen. Wollen wir uns nicht lieber erst einmal ein wenig aufwärmen? Ich habe Punsch gemacht. Und das Malefiz-Spiel steht schon bereit und wartet auf uns."

Niko freute sich. Opas Kinderpunsch war etwas ganz Besonderes. Ein geheimes Rezept, das er nicht rausrückte, sooft ihn Nikos Mutter auch anbettelte. Und keiner hatte mehr Glück beim Malefiz als Opa. Aber Niko war fest entschlossen, ihn eines Tages zu schlagen. Vielleicht ja schon heute.

Als die Engel in den Himmel zurückgekehrt waren, sagten die Hirten zueinander: „Kommt, gehen wir nach Bethlehem! Wir wollen das Wunder, von dem der Herr uns erzählen ließ, mit eigenen Augen sehen."

Lukas 2,15

2. Dezember

Ein geheimnisvoller Bote

Am nächsten Morgen saß Niko gerade am Frühstückstisch, als sein Papa sich verabschiedete. Doch er kam sofort wieder zurück, schaute etwas irritiert und sagte: „Niko, komm doch mal bitte. Da ist jemand vor der Tür, der dir etwas geben möchte."
Niko wunderte sich und ging seinem Vater nach in den Flur. Hinter ihm schabten die Stühle auf dem Boden, als sein Bruder, seine Schwester und seine Mutter ebenfalls aufstanden und ihm folgten.
Niko blieb der Mund offen stehen: Vor der Tür saß ein kleiner Hund und wedelte mit dem Schwanz. Er hielt einen Briefumschlag im Maul, rot mit einem goldenen Stern. Ganz groß stand darauf: „Für Niko". Als Niko in den Flur trat, legte er den Kopf schief und schaute ihn mit warmen, braunen Augen an.
„Ja, wer bist denn du?", rief seine Mutter hinter ihm. „Schau mal Niko, der Brief ist für dich."
Niko ging zögernd auf den Hund zu, beugte sich zu ihm und griff nach dem Brief. Der Hund wedelte noch einmal kräftig mit dem Schwanz, bellte zweimal und lief davon.
„Mach ihn auf, mach ihn auf!", rief Sophie.
„Ja, mach schon", bekräftigte Lukas.
Langsam drehte Niko den Brief um, riss ihn auf und nahm zwei eng beschriebene Blätter heraus. Dann las er laut:

Lieber Niko,
es dauert nicht mehr lange bis Weihnachten. Doch bis es so weit ist, möchte ich Dich auf eine Reise einladen. Hast du Lust, die Bedeutung der Weihnachtsbräuche zu entdecken? Du wirst nun jeden Tag, bis Weihnachten, einen Brief erhalten. Sherlock, meinen Boten, hast du schon kennengelernt. Aber halte deine Augen offen! Der Brief kann überall auf dich warten, jeden Tag woanders und zu einer anderen Zeit. Du wirst viele Menschen treffen und neue Dinge erleben. Viel Spaß dabei!

Niko sah auf und blickte seine Eltern an. Sein Papa und seine Mama waren genauso erstaunt wie er.
„Hat der Brief eine Unterschrift?", fragte sein Vater.
Niko blätterte die Seiten durch: „Nein, da steht nichts. Und ich habe auch keine Ahnung, wer mir einen solchen Brief schreiben könnte."
„Der Brief scheint noch um einiges länger zu sein", sagte seine Mutter, „willst du dich nicht an den Küchentisch setzen und uns den Rest vorlesen?"
Niko nickte und ging voraus in die Küche. Alle folgten ihm, sogar sein Vater kam noch einmal mit. Als sie saßen, las Niko weiter:

Heute hast du ja schon die zweite Tür deines Adventskalenders geöffnet. Also höchste Zeit, dir den Erfinder des Adventskalenders vorzustellen. Gerhard Lang lebte in Maulbronn. Und hier ist seine Geschichte:

„Mama, wie lange dauert es noch bis Weihnachten?" Gerhard drückte seine Nase an die Fensterscheibe. Draußen war es schon dunkel. Wenige Menschen hasteten durch den Schnee, der sich in den Maul-

bronner Gassen auftürmte. Hinter ihm in der Küche wärmte seine Mutter Kaffee auf dem Kohlenherd.
„Das dauert noch, Gerhard", sagte sie. „Es ist ja noch nicht einmal Dezember."
„Ich will aber nicht mehr warten", brummelte Gerhard und setzte sich neben sie auf die Küchenbank. „Können wir nicht einfach schon am Sonntag feiern?"
Seine Mutter lachte. „Aber Gerhard, das wäre doch kein richtiges Fest! Weihnachten ist nun mal am 24. Dezember und bis dahin musst du schon noch warten. Schöne Dinge sind es wert, dass man ein bisschen auf sie wartet, oder nicht?"
Gerhard war nicht ganz überzeugt.
Am nächsten Tag war Markt in Maulbronn und Gerhard ging mit seiner Mutter einkaufen. Es schneite und war sehr kalt.
„Mama?", Gerhard zupfte seine Mutter am Mantel. „Ist jetzt bald Weihnachten?"
Seine Mutter schüttelte den Kopf. „Das dauert", sagte sie, „und ich muss auch noch so viel vorbereiten: Plätzchen backen, die Wohnung schmücken, die Krippe vom Dachboden holen. Aber wenn du willst, kannst du mir dabei helfen."
Gerhard wollte gerne. Aber warum musste das alles so lange dauern?
Da entdeckte er das Schaufenster von Bäcker Pfister. Die Bäckersfrau war gerade dabei, es mit Girlanden aus Tannenzweigen, mit Strohsternen und kleinen Lebkuchen zu schmücken. Während Gerhard seine Nase an die Scheibe drückte, wurde das Innere des Fensters immer schöner und weihnachtlicher. Da bitte, so schwer war das doch gar nicht! Ein bisschen Grün, etwas Leckeres zu essen und ein paar Sterne: Sah das nicht schon nach Weihnachten aus?
In diesem Moment fasste Gerhard einen Entschluss: Er würde Mama und Papa morgen Nachmittag mit Weihnachten überraschen! Gleich morgens würde er mit den Vorbereitungen anfangen, dann wür-

den seine Eltern schon einsehen, dass man dafür keine vier Wochen brauchte.
Als er am nächsten Tag aufwachte war er allein zu Hause. „Mmh, also, was brauche ich alles?", überlegte er. „Auf jeden Fall einen Baum. Und die Krippe. Und die besonderen Plätzchen, die Wibele. Mit den Wibele fange ich an."
Gerhard holte Mehl, Eier und Milch aus dem Schrank. „Wie viel Mehl braucht man wohl?", fragte er sich. Besser nicht zu wenig. Gerhard kippte einen großen Haufen Mehl in die Schüssel und goss etwas Milch dazu. Dann schlug er alle Eier hinein, die er finden konnte. Der Teig sah schon etwas komisch aus, aber egal. Gerhard formte kleine Häufchen auf dem Backblech und schob es in den heißen Ofen.

Nun die Krippe. Vater hatte die Kiste bestimmt auf dem Dachboden versteckt. Gerhard öffnete die Dachbodenklappe und musste erst einmal kräftig niesen. Aber da war ja schon die Kiste mit den Krippenfiguren. Gerhard schleifte sie zur Treppe. „Mensch, ist die schwer!" Da schlüpfte der Griff der Kiste aus Gerhards Händen und sie polterte mit einem Riesenkrach die Treppe hinunter. Gerhard sah entsetzt, wie die Figuren hinauspurzelten und am Fuß der Treppe aufschlugen. O weh! Josef hatte keine Nase mehr und einem der Hirten fehlte ein Arm. Ach – Gerhard musste ohnehin noch Leim anrühren für die Papiersterne. Damit konnte er bestimmt auch die Figuren wieder kleben.

Hier endete der Brief. Niko ließ ihn sinken. „Was für ein Chaos!", sagte er, „die Idee hätte von mir sein können!"
Alle lachten und waren gespannt, wie die Geschichte von Gerhard weitergehen würde.

Alles hat seine Zeit, alles auf dieser Welt hat seine ihm gesetzte Frist.

Prediger 3,1

3. Dezember

Der erste Adventskalender

Am nächsten Morgen fiel es Niko nicht schwer, aus dem Bett zu kommen. Während sein Vater noch in der Küche rumorte und seine Mutter im Bad war, sprang er aus dem Bett und rannte zur Haustür. Und richtig, als er die Tür öffnete, saß Sherlock schon davor und wedelte mit dem Schwanz.
Niko wartete nicht auf seine Eltern und Geschwister. Er setzte sich im Schlafanzug auf das Sofa im Wohnzimmer, riss den Brief auf und las die Geschichte von Gerhard weiter:

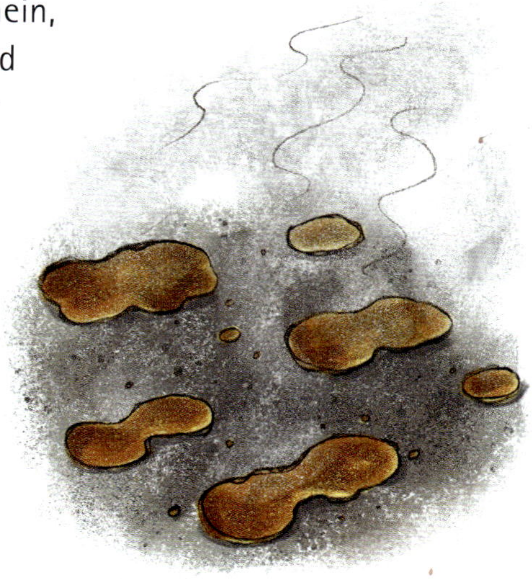

Was war denn das für ein Qualm? O nein, er hatte die Wibele vergessen! Gerhard schlug die Ofenklappe auf. Schwarzer Rauch quoll ihm entgegen. Er zog das Blech mit den Keksen heraus. Sie waren etwas schwarz. Aber er hatte wohl keine Zeit mehr, neue zu backen.
Jetzt musste der Weihnachtsschmuck aber besonders schön werden. Gerhard schnitt Papiersterne aus und klebte sie zusammen. Als er nach der Schere griff, stieß er den Leimtopf um und der Leim ergoss sich über alle Sterne und den Tisch, und tropfte auf den Fußboden.

Gerhard stiegen die Tränen in die Augen. Heute würden sie bestimmt kein Weihnachten feiern! Er hatte sich so viel Mühe gegeben, aber alles war schiefgegangen.
In diesem Moment öffnete sich die Küchentür. Gerhards Vater und Mutter kamen herein.
„Gerhard! Was ist denn hier passiert?", rief sein Vater entsetzt.
Gerhard fing an zu weinen. Nichts war so geworden, wie er es sich gedacht hatte. Kein Weihnachtsschmuck, die Plätzchen waren verbrannt und die Figuren der Krippe schauten ganz traurig.
„Ich wollte doch nur heute schon Weihnachten feiern. Es sollte eine Überraschung werden, aber nichts hat geklappt und jetzt seid ihr auch noch böse."

Vater setzte sich zu Gerhard, nahm ihn auf den Schoß und strich ihm Teig und Leim aus dem Gesicht. „Aber Gerhard, Weihnachten kann man doch nicht so schnell mal eben vorbereiten. Wir haben doch noch Zeit!"
„Aber warum muss ich denn noch so lange warten?", schniefte Gerhard. „Ich möchte heute schon feiern. Ich freue mich so darauf."
Sein Vater lächelte. „Ja, das tue ich auch. Aber gerade deshalb nehmen wir uns die Zeit, das Fest vorzubereiten. Weiß du, wenn man auf gute Dinge wartet, werden sie ganz besonders. Und außerdem: Auch das erste Weihnachten kam nicht einfach so."
„Wie meinst du das?", fragte Gerhard.
„Schon viele hundert Jahre bevor Jesus geboren wurde, haben manche Männer und Frauen von Gott erfahren, dass er kommen würde. Gott hat ihnen erzählt, wo er zur Welt kommen würde, dass er arm und trotzdem ein König sein würde. Diese Menschen nannte man Propheten; sie haben das den Menschen erzählt und es auch aufgeschrieben. Seitdem haben die Menschen auf Jesus gewartet, viele hundert Jahre lang."
„Dann haben sie sich sicher gefreut, als er endlich da war", sagte Gerhard.
„Ja, das haben sie. Nicht nur die Menschen, auch die Engel haben vor Freude gesungen, als Jesus geboren wurde. Und wir freuen uns heute noch über seine Geburt. Das ist der Grund, warum wir Weihnachten feiern."
Dann zündete Gerhards Mutter mitten im Chaos die erste Kerze auf dem Adventskranz an. Das Licht der einen Kerze war noch schwach, aber bald würden es zwei, drei, vier Kerzen sein und das Licht würde immer stärker werden. Dann war das Geburtstagsfest für Jesus nicht mehr weit.
Und endlich war auch der erste Dezember da. Als Gerhard aus seinem Bett sprang, traute er seinen Augen nicht. Seine Mutter hatte ihm

einen Karton auf die Kommode gelegt, auf dem sie 24 Wibele festgebunden hatte, für jeden Tag bis Weihnachten eines. So war das Warten auszuhalten!
In der Küche sah es aus wie immer. Seine Mutter hatte die schwarzen Wibele weggeworfen und mit Gerhard zusammen alles wieder aufgeräumt. Und auf der Fensterbank freute sich Josef darüber, dass Vater seine Nase wieder angeklebt hatte.
An diesem Abend betete Gerhard: „Danke, Jesus, dass wir bald deinen Geburtstag feiern dürfen. Ich freue mich so über meinen Adventskalender von Mama. Und ich freue mich so auf Weihnachten!"
Ja, es war immer noch schrecklich lange bis Weihnachten.
Aber gute Dinge sind es einfach wert, dass man auf sie wartet, oder nicht?

Doch die, die auf den Herrn warten, gewinnen neue Kraft. Sie schwingen sich nach oben wie die Adler. Sie laufen schnell, ohne zu ermüden. Sie werden gehen und werden nicht matt.

Jesaja 40,31

4. Dezember

Blüten im Winter

Niko war auf dem Weg von der Kirche nach Hause. Heute Morgen hatte Sherlock nicht vor der Tür gesessen und Niko hatte schon den ganzen Tag auf den roten Brief mit goldenem Stern gewartet. Aber er hatte keinen gefunden. Vor lauter Ungeduld war er nach dem Gottesdienst vor seinen Eltern heimgelaufen.

Als er um die Ecke bog, bemerkte er, dass am nächsten Gartenzaun jemand auf ihn zu warten schien. Frau Schöffer lehnte am Tor und schaute ihm entgegen. Niko kannte Frau Schöffer aus seiner Kirchengemeinde, wo sie im Kindergottesdienst mitarbeitete.

„Hallo Niko", sagte Frau Schöffer, „hast du Lust, mit mir in den Garten zu gehen?"

Niko blieb stehen. „Tut mir leid, Frau Schöffer, aber meine Mutter hat gesagt, ich soll direkt nach Hause gehen", entgegnete er.

„Ich glaube, das ist schon in Ordnung", meinte Frau Schöffer und blickte zum Haus. Niko folgte ihrem Blick und staunte – im Fenster neben der Haustür hing ein roter Zettel mit einem goldenen Stern darauf. Er schaute Frau Schöffer an. Sie lächelte.

„Sind Sie der geheimnisvolle Briefeschreiber?", fragte Niko.

Jetzt lachte sie. „Nein, aber ich wurde gebeten, ihm zu helfen. Ich habe selbst einen Brief erhalten, in dem stand, dass du nach den Weihnachtsbräuchen gefragt hättest. Ich nehme dich heute mit und zeige dir, was ich immer am 4. Dezember mache."

Sie hielt die Gartentür für Niko auf, und zusammen gingen sie in den Garten hinter dem Haus. Frau Schöffer öffnete den Schuppen und holte zwei Rebscheren heraus. Eine davon gab sie Niko.

„Schneiden wir jetzt Ihre Bäume?", fragte Niko.

„Keinen ganzen Baum, wir holen uns nur ein paar Kirschbaumzweige.

Mit denen kann man nämlich etwas Wunderbares erleben: Wenn man sie drinnen in die Vase stellt, blühen sie an Weihnachten."
„Ehrlich? So früh schon?"
„Ja, man nennt sie dann ‚Barbarazweige'. Der Brauch geht auf die heilige Barbara zurück. Sie war eine Frau, die vor 1700 Jahren gelebt haben soll. Sie hat an Jesus geglaubt, ihr Vater aber nicht. Er wollte, dass sie ihren Glauben aufgibt, aber sie hat sich geweigert. Deshalb hat er sie bestraft; auf dem Weg ins Gefängnis ist sie mit ihrem Kleid an einem Busch hängengeblieben und hat einen Zweig abgerissen. Den hat sie in eine Vase gestellt, genau wie wir heute. Und drei Wochen später hat der Zweig geblüht."
Inzwischen standen sie unter dem Kirschbaum, der seine kahlen Äste in den Winterhimmel reckte. Frau Schöffer streckte sich, ergriff einen Zweig und schnitt ihn ab.
„Aber was hat das mit Weihnachten zu tun?", fragte Niko.
Frau Schöffer hielt kurz inne, dann sagte sie: „Schau dir diesen Zweig an." Sie streckte ihn Niko hin.
„Er sieht ganz tot aus."
„Schau genau hin."
Niko nahm den Zweig in die Hand und hielt ihn sich ganz nahe vor die Augen. „Die Knospen! Da sind überall dicke Knospen dran!"
Frau Schöffer lachte. „Ja genau! Und aus jeder Knospe wird eine Blüte. Und aus jeder Blüte vielleicht einmal eine Kirsche. Etwas, das zu schlafen scheint, wacht auf. Aus Tod wird Leben. Und genau das

erzählt uns die Geschichte von Jesus – auch er starb, blieb aber nicht tot. Seine Geschichte beginnt an Weihnachten. Mitten im Winter, wenn es keine Blumen, keine Blätter, keine Sonne gibt. Wenn die Vögel nicht singen und die Tiere Winterschlaf halten. Die Knospe ist ein Zeichen der Hoffnung, für dich, für mich, für alle Menschen dieser Erde. Genau wie das kleine Baby, das später die ganze Welt erlösen kann. An dieses Baby denke ich, wenn ich die Knospen sehe."
An diesem Abend, nachdem Niko seinen Barbarazweig nach Hause getragen und in eine Vase gestellt hatte, lag er noch lange wach, dachte an den Kirschbaum, der wie tot im Garten stand und an ein kleines Kind, das Großes getan hatte.

Aus dem Stumpf Isais wird ein Spross hervorgehen – ein neuer Trieb aus seinen Wurzeln wird Frucht tragen.

Jesaja 11,1

5. Dezember

Ein Schiff kommt an

Nie hätte Niko gedacht, dass sein Freund Thomas ein Helfer des geheimnisvollen Briefschreibers sein könnte und doch war es so. Als die Schule vorbei war, traten Niko und Thomas aus der Schule. Thomas grinste breit, griff in seine Jackentasche und holte einen Umschlag hervor – rot mit einem goldenen Stern.
„Das gibt's doch nicht!", rief Niko.
„Doch!", antwortete Thomas. „Kam vor ein paar Tagen bei uns an. Meine Mama sagt, du kommst heute mit zu mir. Mach mal auf! Ich weiß noch gar nicht, was drinsteht."
Niko öffnete den Briefumschlag, faltete den Zettel auseinander und las:

Lieber Niko,
du weißt sicher, was morgen für ein Tag ist. Er hat mit deinem Namen zu tun.

„Klar", sagte Niko, „morgen ist Nikolaustag. Und Niko ist eine Kurzform von Nikolaus, das hat mir Mama mal erzählt."

In den Niederlanden ist der Nikolaustag viel wichtiger als der Weihnachtstag, besonders für die Kinder. Nikolaus heißt dort ‚Sinterklaas' und ist ein richtiger Star. Du darfst heute mit Thomas nach Hause gehen und einen ‚Pakjesavond' erleben. Was das ist? Lass dich überraschen …

Niko wusste, dass Thomas' Eltern aus den Niederlanden kamen. Das hörte sich spannend an!
Als sie bei Thomas' Haus ankamen, dämmerte es schon. Niko fragte Thomas: „Was feiert ihr denn heute? Nikolaus ist doch erst morgen."
„In den Niederlanden wird immer schon der Nikolausvorabend gefeiert", sagte Thomas. „Die Kinder kriegen an diesem Tag ihre Geschenke, nicht erst an Weihnachten. Komm, ich zeig dir was."
Thomas öffnete eine Tür, Niko folgte ihm. Das Wohnzimmer der Familie Van Doorn war ein gemütlicher Raum mit einem großen, offenen Kamin, in dem ein helles Feuer brannte. Davor standen zwei Stiefel.
„Siehst du die Stiefel? Einer davon gehört mir, der andere meiner Schwester. Wir haben sie schon Mitte November aufgestellt. Dann kommt der Nikolaus in Bischofsmantel, mit Stab und Bischofsmütze mit einem Schiff aus Spanien in Holland an. Viele Menschen warten

auf ihn, er steigt dann auf einen Wagen und zieht mit seinen Helfern in einem großen Umzug durch die Stadt. An diesem Tag haben wir unsere Stiefel vor den Kamin gestellt und jeden Abend ein selbst gemaltes Bild oder ein Gedicht hineingelegt, manchmal auch eine Möhre für das Pferd. Am nächsten Morgen ist dann ein Geschenk im Stiefel, ein kleines Buch, Süßigkeiten oder mal was zum Spielen. Und heute Abend bringt der Nikolaus die großen Geschenke."
Inzwischen war Thomas' ganze Familie im Wohnzimmer versammelt: sein Vater, seine Mutter und seine ältere Schwester. Thomas' Mutter schenkte Tee aus, sein Vater verteilte holländische Plätzchen, die Pepernootjes.
Kauend sagte Niko: „Schon ein wenig verrückt, dass wir heute noch einen Mann feiern, der vor so vielen hundert Jahren gelebt hat, oder? Bei Jesus ist das verständlich, aber bei einem Bischof, der in der Türkei gelebt hat?"
„Nun", meinte Thomas' Vater, „ich glaube, dass uns Menschen inspirieren können. Nikolaus hat uns gezeigt, wie man anderen helfen kann, ohne es an die große Glocke zu hängen. Ich finde, das ist schon ein Grund zum Feiern. Nikolaus bringt die Geschenke im Geheimen und das sollten wir auch tun."
In diesem Moment klopfte es. Thomas und seine Schwester sprangen auf und rasten zur Tür. Doch zu spät: Nikolaus war schon wieder verschwunden und hatte einen großen Sack voller Geschenke dagelassen. Und so verging der Abend, indem ein Geschenk nach dem anderen aus dem Sack geholt wurde und unter großem Hallo vom Beschenkten ausgepackt wurde. Die Verpackungen waren sehr fantasievoll, da gab es Päckchen, die wie kleine Kissen gepolstert waren, ein Geschenk, das wie eine Ente geformt war oder eines, das über und über mit Stoffblumen beklebt war.
Auch Niko bekam ein Geschenk, eine große Pappkiste. Als er sie auspackte, fand er darin eine kleinere Schachtel und darin wieder

eine kleinere. Das ging immer so weiter, bis er eine Schachtel in der Hand hielt, die etwa so groß war wie ein Taschentuchpäckchen. Er öffnete sie und fand darin etwas, das er sich sehr zu Weihnachten gewünscht hatte – ein Taschenmesser. Und neben dem Messer einen kleinen Zettel mit einem Gedicht darauf:

Es war ein wunderbarer, lustiger Abend, der Niko sehr stolz machte, nach einem so außergewöhnlichen Mann benannt worden zu sein.

Wenn du jemandem etwas gibst, dann sag deiner linken Hand nicht, was deine rechte tut. Gib in aller Stille, und dein Vater, der alle Geheimnisse kennt, wird dich dafür belohnen.

Matthäus 6,3–4

6. Dezember

Der Bischof im Ofen

Der Nikolaustag fing damit an, dass Sherlock wieder vor der Tür saß. In dem Brief, den er brachte, stand Folgendes:

Lieber Niko,
heute wirst du einen guten Freund von mir treffen. Er wird dir einen weiteren Brauch vorstellen. Bitte sei um 16 Uhr in der Bäckerei Hoffmann in der Hauptstraße. Und am besten ziehst du Kleidung an, die dreckig werden darf.

Niko drückte pünktlich um vier die Glastür zur Bäckerei auf. Der Verkaufsraum war voller Menschen, die Kuchen, Brot und Brötchen bestellten.

Als Niko an der Reihe war, sagte er: „Ich sollte um vier Uhr hier sein, ich habe heute Morgen das hier bekommen." Und er zeigte den roten Umschlag vor. Die Frau hinter der Theke wusste sofort Bescheid: „Du bist Niko! Du kannst gleich nach hinten durchgehen, mein Mann erwartet dich schon." Niko war noch nie in den hinteren Räumen einer Bäckerei gewesen. Erst kam er in einen kleinen, dunklen Vorratsraum, in dem auch ein Tisch und zwei Stühle standen. Dann öffnete er eine Tür und war in der Backstube. Ein großer, kräftiger Mann in mehlbestäubter Kleidung stand an einem Tisch und packte gerade einen großen Klumpen Teig aus einer Folie.

„Hallo, du bist bestimmt Niko. Schön, dass du mir heute beim Plätzchenbacken hilfst. Ich bin Walter."
Niko schüttelte ihm die Hand; seine war voller Mehl, als er sie zurückzog. „Was für Plätzchen backen wir denn?", wollte er wissen. Er hatte zusammen mit seinen Geschwistern schon viele verschiedene Plätzchensorten ausprobiert: Ausstecherchen, Makronen, Zimtsterne, einmal hatten sie sogar ein Lebkuchenhaus zusammen gebacken. Der Lebkuchen hatte Niko nicht geschmeckt, dafür aber die vielen Süßigkeiten, die sie auf das Dach des Hauses geklebt hatten. Niko hoffte sehr, dass Walter keine Lebkuchen mit ihm backen wollte. „Heute ist ja Nikolaus, aber das weißt du sicher, bei deinem Namen.

Wahrscheinlich weißt du aber nicht, dass Bischof Nikolaus sogar ein Plätzchen bekommen hat, weil die Menschen ihn so verehrt haben."
„Nikolaus-Plätzchen? Von denen habe ich noch nie gehört. Ich kenne nur Schokoladen-Nikoläuse."
„Ja, die gehören natürlich auch zum Nikolaustag, aber ich meine ein Gebäck, das du vielleicht schon mal gegessen hast: Spekulatius."
„Aber der Name hat doch mit Nikolaus nichts zu tun."
„Doch, das Wort ‚Spekulatius' kommt aus dem Lateinischen. ‚Speculator' bedeutet Bischof, aber auch Aufseher, Beobachter. ‚Speculari' bedeutet außerdem ‚ausspähen', ‚genau hinsehen'. Du weißt doch bestimmt, dass Bischof Nikolaus abends durch die Straßen ging und bei den Leuten in die Fenster schaute, um nachzusehen, ob er ihnen helfen konnte."
„Ja, ich habe gehört, dass er einmal einem armen Mann heimlich drei Goldklumpen ins Fenster geworfen hat, damit der die Hochzeiten seiner drei Töchter bezahlen konnte. Ich habe mich immer gefragt, wie er es geschafft hat, niemanden zu treffen. Ich möchte keinen Goldklumpen an den Kopf kriegen."
Walter lachte dröhnend. „Darüber habe ich noch nie nachgedacht. Wäre wohl schlauer gewesen, er hätte das Gold in den Briefkasten geworfen, was?"
„Zum Beispiel. Na gut, Spekulatius ist also gebackener Bischof. Und wie funktioniert das nun?"
Walter zeigte ihm, wie er den Teig ausrollen musste. Ganz schön anstrengend! Es dauerte eine Weile, bis der ganze große Backtisch mit einer dünnen Teigschicht bedeckt war. Und dann war Niko genauso mehlweiß wie Walter.
Dann gab ihm Walter verschiedene Formen aus Holz, in die Figuren eingeschnitzt waren. „Die nennt man Model, sie werden den Plätzchen die richtige Form geben. Wenn man alle nebeneinanderlegt, erzählen sie die Geschichte von Nikolaus."

Niko betrachtete die Holzformen genauer – da war Nikolaus, der einen Esel an der Leine führte, ein Baby in einer Wiege, ein Schiff, Kornähren, drei goldene Kugeln und andere Symbole. Walter und er drückten die mit Mehl bestäubten Holzformen in den Teig, schnitten die Ränder der Gebäckstücke mit einem Messer sauber ab, hoben sie vorsichtig auf ein großes Backblech und schoben es in den Ofen, als es voll war.
Sie mussten nicht lange warten, bis sie das Blech wieder herausholen konnten, aber es dauerte eine ganze Weile, bis die Spekulatius so kühl waren, dass man sie essen konnte.
Niko biss in einen hinein, kaute und sagte: „Das ist die leckerste Geschichte, die ich je gegessen habe. Und dass ich sogar eine eigene Plätzchensorte habe – da wird meine Mutter staunen."

Gott segnet die Barmherzigen, denn sie werden Barmherzigkeit erfahren.
Matthäus 5,7

7. Dezember

Hans und sein neues Zuhause

Der nächste Brief enthielt wieder eine Geschichte.

Lieber Niko,
weißt du, welches Weihnachtslied am Ende fast aller Weihnachtsgottesdienste in Deutschland gesungen wird?

Niko überlegte. *Bei uns singen wir immer „O du fröhliche"*, dachte er.

Dieses Lied wurde von einem sehr besonderen Mann geschrieben, der ein Vater für sehr viele Kinder war, die keine Eltern mehr hatten. Von diesem Mann will ich dir heute und morgen erzählen.

Es war kalt. Kälter, als es Hans je erlebt hatte. Der Wind pfiff durch seine zerrissene Jacke und seine Füße froren im Schnee. Schon seit ein paar Stunden war der Elfjährige unterwegs nach Weimar und wusste nicht, ob er sein Ziel je erreichen würde: einen Schlafplatz und vielleicht einen Bissen Brot für seinen leeren Magen zu finden.
In seinem Dorf gab es das nicht mehr für ihn, seit sein Meister ihn weggeschickt hatte. Fast zwei Jahre hatte Hans für ihn gearbeitet und in ein paar Tagen hätte ihm der Meister das Lehrgeld auszahlen sollen.

Doch dazu würde es nun nicht mehr kommen. Vater und Mutter hatte Hans schon vor Jahren verloren. Er war ganz allein. Es war kurz vor Weihnachten.
Endlich tauchten die ersten Häuser vor Hans auf. Er beschleunigte voller Hoffnung seine Schritte. Doch als er durch die Straßen ging, bettelten überall zerlumpte Gestalten um eine Münze oder ein Stück Brot.
Auf dem Markt duckten sich ein paar Händler unter dem kalten Wind. Am letzten Stand blieb Hans stehen: Äpfel! Ein ganzer Berg davon, rot und süß. Hans spürte, wie sein Magen knurrte.
Vorsichtig drückte er sich näher. Der Händler füllte gerade Kartoffeln in den Korb einer Kundin, als Hans seine Hand nach einem Apfel ausstreckte. Doch er ließ ihn sofort wieder fallen, als ihn der Händler am Ohr packte: „Hab ich dich, du kleiner Dieb! Polizei! Polizei!"
Der Polizist nahm Hans am Arm. „Der Bengel wollte meine Äpfel klauen! Stecken Sie ihn ins Gefängnis, wo er hingehört!", rief der Händler mit hochrotem Gesicht.
„Ich kümmere mich um ihn, nur mit der Ruhe", sagte der Polizist beschwichtigend und zog Hans in die nächste Straße. Ängstlich blickte Hans in das Gesicht des Polizisten. Doch dort sah er nur ein beruhigendes Lächeln. „Hab keine Angst",

sagte der Mann. „Ich weiß etwas Besseres für dich als das Gefängnis." Erstaunt blickte Hans an dem Haus empor, vor dem sie angehalten hatten. Sie stiegen die Treppe in den ersten Stock hinauf. Der Polizist klopfte an eine Tür. Ein Mann mit freundlichem Gesicht öffnete. Hinter ihm war das Lachen vieler Kinder zu hören. „Hab wieder einen für Sie, Falk", sagte der Polizist. „Wurde gerade auf dem Marktplatz erwischt. Sieht aus, als ob er eine warme Suppe gebrauchen könnte."
„Danke", antwortete der Mann, der Falk hieß. „Komm doch herein, Junge", sagte er zu Hans und hielt die Tür weit auf.
Als Hans an diesem Abend in einem Bett lag, in einem richtigen Bett, konnte er immer noch nicht fassen, was passiert war. Der Mann, Johannes Falk, und seine Frau Caroline hatten ihn freundlich aufgenommen. Zusammen mit Falk und seiner Frau lebten noch elf andere Jungen und Mädchen in der kleinen Wohnung. Alle hatten ähnliche Geschichten zu erzählen gehabt wie Hans. Und allen hatten die Falks ein neues Zuhause gegeben. Hans blickte zu den anderen Kindern, die fest schliefen. Er hatte gefunden, was er gesucht hatte.
Doch auch im Hause Falk war nicht alles leicht. Zwei Tage vor Heiligabend hörte Hans Vater und Mutter Falk in der Küche reden.
„Aber es reicht nicht einmal mehr für Kartoffeln, Johannes", sagte Caroline gerade.
„Ich weiß, aber wie soll ich das Buch beenden? Ich brauche Papier."
„Gut, aber wenn du Papier kaufst, haben wir zu Weihnachten nicht genug zu essen für die Kinder. Willst du das?"
„Nein, natürlich nicht", gab Johannes nach. „Ich kaufe morgen Kartoffeln."
Das war nicht gerecht! Vater Falk tat so viel für die Kinder und er hatte nicht einmal genug Geld für Papier übrig? Hans wollte etwas tun. Am nächsten Nachmittag schlich er sich durch die Hintertür ins Nachbarhaus. Er wusste, dass dort ein Papierhändler seine Werkstatt hatte. Oft hatte er Vater Falk schon dort verschwinden sehen.

Die Werkstatt war groß. Viele Bogen lagen in den Regalen übereinander. Vorsichtig zog Hans drei Seiten Schreibpapier aus einem Fach. Gerade als er sich umdrehen wollte, spürte er eine Hand auf seiner Schulter.

„Was tust du denn da? Du glaubst wohl, du kannst dich hier einfach bedienen?"
Hans wollte sich losreißen.
„Hiergeblieben!", schrie der Händler. „Du bezahlst das Papier gefälligst!"
Hans wusste nicht, was er tun sollte. Würde er nun doch ins Gefängnis kommen?
In diesem Moment trat Vater Falk in die Werkstatt.

Ich weiß von deinen Leiden und von deiner Armut – aber du bist reich!

Offenbarung 2,9

8. Dezember

Johannes Falk schreibt ein Lied

Und so ging die Geschichte von Hans und Johannes Falk weiter:

„Was ist denn hier los?", fragte Falk und runzelte die Stirn.
„Ist das etwa einer von Ihren Bengeln?", fragte der Händler verärgert. „Der kleine Gauner hat versucht, mich zu bestehlen!"
„Aber gewiss nicht", sagte Falk nur. „Ich hatte Hans gebeten, mir das Papier schon herauszusuchen. Hier sind ein paar Groschen, das müsste reichen."
Damit gab er dem verdutzten Händler ein paar Münzen, nahm Hans an die Hand und verließ mit ihm den Laden.
An diesem Abend lag Hans wach. Was hatte er da nur angestellt? Kein Wort des Tadels hatte Vater Falk geäußert.
Es war ganz still in der Wohnung, alle anderen waren schon längst eingeschlafen. Da hörte Hans ein vertrautes Geräusch. Leise klang die Uhr auf dem Nachttisch von Vater Falk durch die Stille. Sie schlug dreimal. Hans hörte, wie sich Falk aufsetzte und leise ins Wohnzimmer ging.
Hans stand auf, schlich den Flur entlang und spähte durch den Türspalt. Da saß Falk an seinem Schreibtisch, tief über das neue Papier gebeugt. Er murmelte vor sich hin und immer wieder summte er eine Melodie, die Hans bekannt vorkam. Behutsam drückte Hans die Tür ein wenig weiter auf. Als sie knarrte, drehte Falk sich um und bemerkte ihn.
„Kannst du auch nicht schlafen?", fragte Falk und lächelte. „Komm ruhig rein."
Hans ließ den Kopf hängen und trat an den Schreibtisch. „Es tut

mir leid", sagte er leise. „Ich wollte eigentlich nicht klauen, aber Sie haben das Papier doch gebraucht, Vater Falk."
„Ich weiß. Ich habe mich auch geärgert, dass ich kein Papier kaufen konnte", antwortete Falk, „aber soll ich dir ein Geheimnis verraten?"
Hans nickte.
„Es kommt nicht darauf an, immer genug von allem zu haben. Deshalb ist Stehlen keine Lösung. Es gibt etwas, das mir noch viel wichtiger ist, als immer genug zu essen, zu trinken und zu schreiben zu haben. Morgen ist Weihnachten, dann wirst du es verstehen."
Und am nächsten Morgen war es Weihnachten!
Die Falksche Wohnung summte von Kinderstimmen und aufgeregtem Fußgetrappel auf dem Flur. Keiner konnte es erwarten, dass es endlich dunkel war und die Lichter am Weihnachtsbaum angezündet wurden. Und als alle Kinder schon glaubten, der Moment würde nie

kommen, war es endlich so weit: Die Tür zum Weihnachtszimmer öffnete sich und der Schein vieler Kerzen fiel in den Flur. Es duftete verheißungsvoll. Alle setzten sich an den großen Tisch, sprachen das Dankgebet und aßen. Lecker war es, aber nicht viel. Schnell waren die Teller leer.

Johannes Falk stand auf: „Ich kann euch dieses Jahr kein Festmahl schenken, aber etwas anderes." Er zog ein Blatt Papier aus der Tasche.

„Für manche ist es vielleicht nur ein Lied, doch wenn wir es jetzt gleich singen, hört auf den Text. Er erzählt von einem Versprechen. Jesus, dessen Geburt wir heute feiern, verspricht euch nicht, dass euch nie wieder etwas fehlen wird. Aber er verspricht euch seine Gnade. Das bedeutet, dass er immer für euch da sein wird, dass er euch Freude, Leben und Liebe schenkt. Und dieses Versprechen hält er, das weiß ich sicher. Ihr müsst ihm nur vertrauen."

Hans schaute nachdenklich aus dem Fenster. Vertrauen? Das war schwer, er hatte sich schon so lange um alles selbst kümmern müssen. Er blickte in das Gesicht von Johannes Falk und musste lächeln. *Wenn Jesus nun ein bisschen so ist wie Vater Falk,* dachte er, *könnte ich das mit dem Vertrauen schon hinkriegen.*

Dann setzte sich Vater Falk ans Klavier, Caroline und die Kinder stellten sich um ihn herum und alle sangen das neue Lied:

O du fröhliche, o du selige,
gnadenbringende Weihnachtszeit!
Welt ging verloren, Christ ist geboren:
Freue, freue dich, o Christenheit!

Als am nächsten Tag der Weihnachtsmorgen heraufzog, stand Vater Falk als Erster auf. Er schaute ins Schlafzimmer und sah, wie die Sonne den schlafenden Kindern auf die Nasen schien.

Vor der Wohnungstür warteten ein dicker Sack Kartoffeln und zwölf kleine Geschenke darauf, dass er endlich die Tür öffnete.

Ich kann einen vollen oder einen leeren Magen haben, Überfluss erleben oder Mangel leiden. Denn alles ist mir möglich durch Christus, der mir die Kraft gibt, die ich brauche.

Philipper 4,12–13

9. Dezember

Ein Baby in Windeln

Dass seine Mama ihm den nächsten Brief überreichen würde, hätte Niko nicht erwartet. Aber er freute sich sehr und umso mehr, als seine Mutter meinte: „Du kannst mir heute beim Backen helfen."
„Wir backen bestimmt etwas, das eine Bedeutung für Weihnachten hat, stimmt's?", fragte Niko.
„Ja klar", sagte Mama und band Niko eine Schürze um den Bauch, „wir backen heute Christstollen."
Niko verzog das Gesicht. „Och nö, Mama. Ich mag doch keine Rosinen, ich kann Christstollen nicht ausstehen!"
Seine Mama schaute ganz erschreckt. „Ach je, das hatte ich ja ganz vergessen. Und was machen wir jetzt? Ich wollte dir doch erzählen, was der Christstollen mit Weihnachten zu tun hat und dir zeigen, wie man ihn bäckt."
Niko überlegte. „Vielleicht habe ich eine Idee. Müssen im Christstollen denn Rosinen drin sein? Können wir nicht was anderes reintun, zum Beispiel Süßigkeiten?"
Seine Mama nickte. „Warum eigentlich nicht? Machen wir es so: Wir machen einen Christstollenteig und dann tun wir alles rein, was dir schmeckt. Lass uns mal schauen, was da ist."
Gemeinsam durchstöberten sie den Lebensmittelschrank und die Speisekammer. Niko fand tatsächlich noch eine Packung bunte Schokolinsen, seine Mama zog Streusel aus einer Schublade. Mandeln sollten auch hinein, da waren sie sich einig. Getrocknete Feigen fand Niko auf dem Weihnachtsteller, der noch vom letzten Adventssonntag auf dem Wohnzimmertisch stand. Als ihm seine Mama Orangeat und Zitronat zum Probieren gab, entschied er, dass nur Orangeat in den Stollen sollte. Getrocknete Cranberrys waren auch okay. Als Niko

zu guter Letzt noch eine Dose gesalzener Erdnüsse aus dem Schrank zog, wollte seine Mutter erst protestieren. Dann aber lachte sie und meinte: „Nun, das wird eben ein Niko-Stollen. Nur her damit."
In der kommenden Stunde entdeckte Niko, dass Stollen eine ganze Menge Arbeit machte. Sie schütteten Mehl auf den Küchentisch, Niko drückte eine Vertiefung hinein, in die seine Mutter Milch goss. Dann bröckelte er die Hefe hinein. Sie weichten Feigen und Cranberrys ein, hackten die Mandeln und die Erdnüsse und wogen alles ab. Sie kneteten und rührten und rochen an Gewürzen. Nachdem der Teig gegangen war und Mama und Niko ein paar Runden Canasta gespielt hatten, konnten sie endlich backen.
Niko und Mama teilten den Teig in vier Teile und formten mit den Händen flache Fladen, die sie halb umklappten. Dann kamen die Stollen in den Ofen. Nach ein paar weiteren Runden Canasta bekamen sie ihre typische Hülle aus Puderzucker. Als alles fertig war,

kuschelten sich Niko und seine Mama erschöpft auf das Sofa. Mama sagte leise: „Jetzt hatten wir so viel Spaß. Ich wollte dir ja noch erzählen, was der Stollen mit Jesus zu tun hat."
„Mmh-hhm?", murmelte Niko.
„Seine Form erinnert an ein kleines Baby, das in weiße Windeln gewickelt ist." Aber das hörte Niko schon nicht mehr.

Kurz darauf kam Lukas nach Hause. Er sah, dass in der Küche Licht brannte und als er eintrat, entdeckte er die vier herrlichen Stollen auf dem Tisch. Er zog ein Messer aus einer Schublade, schnitt sich ein dickes Stück ab und biss hinein.
„Komisch", sagte er und kaute nachdenklich, „so hat der Stollen noch nie geschmeckt. Nicht schlecht!" Immer noch kauend ging er ins Wohnzimmer. Dort fand er Mama und Niko schlafend auf dem Sofa. Er hörte, wie sich die Haustür öffnete und Papa und Sophie riefen: „Hallo, wir sind zu Hause!" Mit dem Stollen in der Hand trat er in den Flur.
Papa sah ihn groß an und fragte: „Was ist denn hier los – wo sind denn Mama und Niko?"
„Die pennen", sagte Lukas, „und den Christstollen hat wohl jemand anderes gebacken, so wie der schmeckt!"

Der Engel beruhigte sie. „Habt keine Angst!", sagte er. „Ich bringe eine gute Botschaft für alle Menschen! Der Retter – ja, Christus, der Herr – ist heute Nacht in Bethlehem, der Stadt Davids, geboren worden! Und daran könnt ihr ihn erkennen: Ihr werdet ein Kind finden, das in Windeln gewickelt in einer Futterkrippe liegt!"

Lukas 2,10–12

10. Dezember

Ein Wald für Jesus

Der nächste Umschlag kam tatsächlich einmal mit der Post an. Wie ein ganz gewöhnlicher Brief.

Schade, dachte Niko, *ich werde langsam richtig neugierig, wer sich das jeden Tag für mich ausdenkt. Er muss mich gut kennen – und viele andere Leute auch.* Niko hatte eigentlich vorgehabt, Sherlock heute einmal zu folgen, um zu sehen, woher der kleine Hund kam, aber keine Chance. Ein Absender stand natürlich nicht drauf.

Im Briefumschlag war heute ein Blatt Papier – und ein kleines Tütchen. Niko las:

Lieber Niko,

heute kommt meine Überraschung für dich im Umschlag. Du wirst einen Weihnachtsbrauch aus dem Libanon kennenlernen. Dort nehmen die Kinder zwei Wochen vor Weihnachten Erbsen, Bohnen oder Linsen, legen sie auf Watte und halten sie feucht. Die Samen keimen bis zum Heiligabend und die Sämlinge sehen dann aus wie ein kleines Wäldchen. Damit schmücken die Kinder dann ihre Krippe.

Der Libanon ist ein Land, das schon in der Bibel erwähnt wird. Es ist berühmt für seine Bäume. Schon der Tempel in Jerusalem wurde mit Zedern aus dem Libanon gebaut. Die Zeder ist dort ein so wichtiger Baum, dass sie sogar auf der Flagge des Landes abgebildet ist.

In dem Tütchen findest du genug Samen für dich und deine Geschwister. Und vergesst nicht, eure Weihnachtswäldchen jeden Tag zu gießen.

Niko wendete die kleine Tüte hin und her. Je länger der Advent fortschritt, desto mehr staunte er. Er hatte sich am Anfang dieser geheimnisvollen Rätselreise gefragt, warum die Menschen im Advent das taten, was sie taten. Und da hatte er noch nicht einmal geahnt, dass es noch so viele Weihnachtsbräuche gab. Advent schien mehr zu sein als Plätzchen backen und Adventskalendertürchen öffnen.

Es war neun Uhr geworden. Niko lag schon im Bett, da hörte seine Mutter, wie es an der Tür kratzte. „Wer mag das sein?", murmelte sie, als sie zur Tür ging und öffnete.

Vor der Tür saß Sherlock, wie immer mit einem roten Umschlag im Maul.
„Nanu? Niko hat doch heute schon einen Brief erhalten?", sagte sie und bückte sich, um den kleinen gescheckten Hund zu kraulen. „Aber wenn du schon mal da bist, hole ich ihn. Warte hier."
Niko schlummerte schon halb, als seine Mutter leise die Tür öffnete und an sein Bett trat.
„Niko, schläfst du schon? Sherlock sitzt vor der Tür, er hat wieder einen Brief dabei", sagte sie. „Kannst du noch mal kommen?"
Natürlich konnte Niko. Sherlock ließ den Brief gleich los, als Niko nach ihm griff, wedelte mit dem Schwanz und sauste davon. Niko schloss die Tür und öffnete den Brief, während ihm seine Mutter neugierig über die Schulter blickte.

Lieber Niko,
du wunderst dich sicher, dass du an einem Tag zwei Briefe bekommst. Nun, meine Überraschung morgen wird so früh auf dich warten, dass ich den kleinen Sherlock nicht erst dann losschicken wollte. So kannst du dir den Wecker richtig stellen und früh genug aufstehen: Du sollst nämlich um halb acht an der Stadtkirche sein. Bitte komme zum Seitenaufgang, dort wird ein guter Freund auf dich warten. Er heißt Peter. Zieh dich warm an! Viel Spaß.

Aber Segen soll über den kommen, der seine ganze Hoffnung auf den Herrn setzt und ihm vollkommen vertraut. Dieser Mann ist wie ein Baum, der am Ufer gepflanzt ist.

Jeremia 17,7–8

11. Dezember

Hoch über der Stadt

So früh war Niko an einem Sonntag noch nie aufgestanden, aber sobald er auf seinem Fahrrad saß und durch die verschlafenen Straßen fuhr, war er hellwach. Am Kircheneingang wartete tatsächlich eine Gestalt auf ihn.

Die Stadtkirche war die älteste und größte Kirche der kleinen Stadt, in der Niko wohnte. Auch einen hohen Turm hatte sie, der weit in den Himmel ragte. Dort oben war Niko noch nie gewesen, aber das sollte sich gleich ändern.

„Guten Morgen, Niko", sagte der Mann im Dunkeln, der wohl Peter war. „Toll, dass du uns heute begleitest."

„Uns? Sind denn noch mehr hier?", fragte Niko.

„Ja sicher", sagte Peter und lachte, „alleine wäre ich nicht laut genug."

„Laut genug? Für was denn?"

„Das wirst du gleich sehen. Komm einfach mit."

Peter öffnete die Kirchentür und trat in den dunklen Innenraum. Niko bemerkte erst jetzt, dass Peter einen Instrumentenkasten trug. Zu-

sammen gingen sie am Altar vorbei zu einer Tür an der anderen Seite. Dort warteten vier Menschen.
„Hallo Niko", begrüßten sie ihn. Auch sie trugen jeder einen Instrumentenkasten. Niko schüttelte allen die Hand.
„Na, hast du gut gefrühstückt?", fragte der Mann mit dem größten Kasten. „Wir haben einen ziemlichen Aufstieg vor uns, bis ganz oben in den Turm." Er ging Niko voraus durch die kleine Tür, hinter der eine steile Wendeltreppe lag. Nach einer Weile, als Niko langsam außer Atem kam, war die Treppe zu Ende und sie traten in einen kleinen achteckigen Raum. Über sich sah Niko die Glocken hängen.
„Komm, wir müssen uns beeilen", sagte Peter. „Gleich schlagen sie viertel vor acht und dann wird es hier unerträglich laut."
Jetzt ging es über eine steile Holzleiter ein weiteres Stockwerk nach oben und dann traten sie ins Freie. Staunend sah Niko sich um – der Blick reichte über die ganze Stadt und er konnte in der Ferne sogar die Berge erkennen. Es wurde hell und ein eisiger Wind pfiff um die Turmspitze.
Die fünf Musiker öffneten ihre Kästen auf dem Boden und holten eine Tuba, zwei Posaunen und zwei Trompeten heraus.
„Ihr wollt jetzt, hier oben, Musik machen?", fragte Niko ungläubig. „Spielt ihr so schlecht, dass euch niemand hören soll?"
Die Fünf lachten schallend.
„Na, du wirst dich noch wundern!", sagte Peter. „Uns hört gleich die ganze Stadt! Hast du noch nie ein Bläserquintett gehört? Diese Instrumente können sehr laut sein, wenn wir wollen. Wir sind Turmbläser und spielen jeden Adventssonntag hier oben."
„Warum das denn?", fragte Niko. „Um die Leute aufzuwecken?"
„Nein, es ist eine alte Tradition in unserer Stadt. Blechblasinstrumente wie unsere verwendet man schon seit sehr langer Zeit bei Festen und besonderen Ereignissen. Zum Beispiel, um einen König willkommen zu heißen. In der Bibel steht auch: Wenn Jesus wiederkommt,

wird ihn eine Posaune ankündigen. Wir blasen im Advent für die ganze Stadt vom Turm herunter und kündigen an, dass Jesus kommt. Wir sagen den Leuten, dass bald Weihnachten ist."

Die Bläser stellten sich an der Brüstung in Position. In diesem Moment schlugen die Glocken unter ihnen, erst viermal eine helle, dann achtmal eine dunkle.

Als der achte Schlag verklungen war, sagte Peter: „Nun solltest du dir vielleicht lieber die Ohren zuhalten."

Dann legten die Musiker los. Sie waren wirklich laut. Niko beugte sich über die Brüstung und sah, dass einige Menschen auf dem Platz vor der Kirche stehen blieben und zu ihnen hochschauten. Jemand trat auf seinen Balkon und lauschte.

Die Bläser spielten einen Choral, der Niko bekannt vorkam. Er klang wunderschön in der stillen Morgenluft, feierlich und sehr festlich. Niko wurde warm. Er fühlte sich dem Himmel für einen Moment ganz nah.

Dann endete die Musik und der letzte Ton verhallte in der Ferne. Der Morgen war wieder still und kalt. Aber Weihnachten war ein Stück nähergekommen.

Gott hat sich erhoben, von Jubel begleitet. Der Herr hat sich erhoben beim Schall der Posaune.

Psalm 47,6

12. Dezember

Der König kommt!

Am Montag kam der geheimnisvolle Brief wieder mit der Post. Niko öffnete ihn und las:

Lieber Niko,
heute bist du zum Essen eingeladen. Und zwar bei der Familie Papadopoulos. Kostas, den Sohn, kennst du schon. Er geht in deine Klasse. Das Essen wird ein ganz besonderes. Die Leute in der griechischen Kirche essen in der Adventszeit nämlich anders – sie fasten. Aber keine Sorge, ich bin mir sicher, es wird dir trotzdem schmecken.

Niko kannte Kostas, hatte auch schon ein paar Mal mit ihm gespielt. Aber besucht hatte er ihn noch nie. Deshalb war er sehr gespannt, wie wohl das Abendessen werden würde. Trotz der Versicherung im Brief war er unsicher: Wenn man fastete, dann aß man doch nichts, oder?
Doch Niko hatte sich die Gedanken ganz umsonst gemacht. Die Familie Papadopoulos hieß ihn herzlich willkommen. In der Küche war ein großer Tisch gedeckt, mit vielen kleinen Tellern in der Mitte. Niko sah Tomatensalat, gebratene Auberginen und anderes Gemüse, Kartoffeln, Brot, Pilze und Bohnen in Tomatensauce. Es roch unglaublich lecker.
Zum Abendessen waren nicht nur die Eltern, Kostas und seine Geschwister Maria und Stefanos da, sondern auch die Großeltern. Alle setzten sich und nach dem Tischgebet begann das Essen. Kostas saß

neben Niko und reichte ihm immer wieder einen Teller, damit Niko sich etwas nehmen konnte. Auch die Mama von Kostas gab ihm immer wieder nach.
Nach einer Weile, als er langsam satt wurde, fragte Niko: „Sag mal, Kostas, ich dachte immer, dass Fasten bedeutet, gar nichts zu essen?"
Kostas antwortete: „In der Fastenzeit sind nur bestimmte Lebensmittel verboten. Milch zum Beispiel, Fleisch, Eier, aber auch Öl an manchen Tagen."
„Und warum macht ihr das? Bei uns in der Adventszeit gibt es eher mehr zu essen, Plätzchen zum Beispiel."
Jetzt schaltete sich Kostas´ Papa ein: „Plätzchen essen wir auch, aber erst an Weihnachten. Du weißt sicher, was Advent bedeutet, oder?"
„Ja klar, das bedeutet ‚Ankunft'."

„Und auf eine Ankunft muss man sich vorbereiten. Eine Art der Vorbereitung ist das Fasten. Wenn wir nicht mehr so viel essen, haben wir mehr Zeit, uns auf andere Dinge zu konzentrieren. Zum Beispiel beten wir in den Wochen vor Weihnachten mehr. Und, um ganz ehrlich zu sein", fuhr er schmunzelnd fort, „die leckeren Dinge schmecken an Weihnachten noch einmal so gut, wenn man sie in den Wochen vorher nicht hatte. Wenn dann endlich Weihnachten ist, gibt es ein großes Fest bei uns."
„Ja", warf Kostas ein, „ich freu mich jetzt schon auf die Süßigkeiten. Und auf den Lammbraten, das wird herrlich!"
Niko dachte bei sich: *Vielleicht ist es wirklich gut, manchmal auf bestimmte Dinge zu verzichten. Dann ist es umso schöner, wenn man sie wiederhat.*
Aber diesen Gedanken behielt er erst einmal für sich. Er konnte sich schon denken, dass seine Geschwister gar nicht begeistert wären, wenn er für den Advent eine Fastenzeit vorschlagen würde.

Gepriesen sei der König, der im Namen des Herrn kommt! Friede in der Höhe und Ehre im höchsten Himmel!

Lukas 19,38

13. Dezember

Lichtbringerin

Niko freute sich sehr, als es am Dienstag an der Tür kratzte. Er zog sich schnell seine Jacke und Schuhe an, bevor er dem kleinen Boten seine Nachricht abnahm. So konnte er hinterherlaufen, als Sherlock sich umdrehte und davonrannte.

Doch schnell musste Niko einsehen, dass ihm der kleine Hund weit überlegen war. Sherlock sauste den Gehweg hinunter und als Niko um die Ecke flitzte, war der kleine Hund schon nicht mehr zu sehen. Nur ein kleines rotes Auto fuhr gerade am Straßenrand los. Keuchend blieb Niko stehen und blickte auf den Brief in seiner Hand. „So was Blödes", sagte er zu sich selbst.
Der Brief war heute ziemlich dick. Darin stand:

Lieber Niko,
vor vielen hundert Jahren lebte ein kleines Mädchen, fast so alt wie du. Sie hat an einem Tag im Dezember etwas Schreckliches und doch Wunderbares erlebt. In einem Ort in Oberbayern gibt es deshalb heute noch den Brauch des Lucien-Häuschen-Schwimmens. Hier erzählt sie dir ihre Geschichte:

Es ist schon dunkel und ich höre, wie Mama leise weint. Ich höre auch das Wasser rauschen. Der Fluss fließt nicht mehr in seinem Bett. Er fließt vor unserer Haustür.
Seit Wochen regnet es und man sieht nicht mehr, wo einmal das Ufer war. Mein Vater hatte einen Zweig am Ufer in den Boden gesteckt. Der Zweig ist schon lange verschwunden.
Die Erwachsenen reden leise, wenn sie meinen, dass wir Kinder sie nicht hören. Nachts liege ich wach und höre, wie das Wasser immer näherkommt.
Jetzt kommt Vater nach Hause und nimmt Mama in den Arm. Er sagt zu uns: „Habt keine Angst. Gott wird uns beschützen. Keiner soll in dieser Nacht allein sein. Deshalb ruft der Pfarrer alle in die Kirche. Wir werden heute Nacht beten."
Er erzählt uns, dass jeder sein Haus aus Papier nachbauen und in die Kirche mitbringen soll. Dann haben wir vor Augen, wofür wir bitten.
Ich bastele gerne und freue mich, dass Papa ein kleines Haus aus Pappe baut, das ich anmalen darf, damit es aussieht wie unseres. Er klebt es auf einem Holzbrett fest und packt eine Kerze ein. Dann gehen wir in die Kirche.
Alle sind gekommen, meine Freundin Anni ist auch da. Wir setzen uns nebeneinander und halten uns an den Händen.
Ich frage sie: „Hast du auch Angst vor dem Wasser?"
Sie nickt. „Ein wenig. Bei meinem Opa ist es schon in der Scheune. Aber meine Mama sagt, dass Gott uns beschützen wird. Und ich glaube ihr."
„Das hat mein Papa auch gesagt", sage ich. Kann ich ihm glauben? Annis Hand liegt warm und tröstlich in meiner.
Der Pfarrer steht vor dem Altar und spricht. Alle werden still. „Wir stehen heute vor Gott und halten in Händen alles, was wir haben", sagt er. „Lasst uns beten für unsere Häuser, lasst uns beten, dass Gott

sich erbarmt. Er, der das Meer teilen und den Sturm stillen kann, kann auch den Fluss wieder zähmen."
Er dreht sich um und beginnt zu beten. Ein Gebet folgt dem anderen, für lange Zeit. Ich schaue mich um, alle Köpfe sind gesenkt, alle Augen geschlossen.
Dann endet der Pfarrer. Er sagt: „Jetzt lasst uns hinunter zum Fluss gehen. Wir wollen nun in jedem der kleinen Häuser eine Kerze anzünden und sie dem Fluss übergeben, als Zeichen dafür, dass wir unsere Bitten an Gott abgeben und unsere Sorgen ziehen lassen. Es ist eine dunkle Nacht, nicht nur, weil wir Angst haben. Aber heute ist auch Luciatag, der Tag der Lichtbringerin. Vergesst das nie: Im Dunkeln leuchtet ein Licht. Es zeigt uns den Weg. Gott gibt uns Hoffnung. Er lässt uns nicht allein."
Alle gehen durch die Dunkelheit hinunter ans Wasser. Papa zündet die Kerze in unserem Papphäuschen an und setzt es auf das Wasser.

Viele andere machen das Gleiche. Sofort zieht das Wasser die Häuschen in die Finsternis. Viele kleine Lichter tanzen und spiegeln sich in den Fluten. Es sieht wunderschön aus.
In dieser Nacht schlafe ich tief und fest. Als ich am nächsten Morgen aufwache, ist das Wasser gefallen. Unsere Stadt ist gerettet.

Auch wenn ich durch das dunkle Tal des Todes gehe, fürchte ich mich nicht, denn du bist an meiner Seite. Dein Stecken und Stab schützen und trösten mich.

Psalm 23,4

14. Dezember

Grün, grüner, Weihnachtsbaum

Immer Mitte Dezember gingen Niko und sein Papa den Weihnachtsbaum kaufen. Sie fuhren samstags mit dem Auto zum Ortsausgang, wo jedes Jahr der Baumhändler seinen Stand aufbaute. Doch als Niko an diesem Mittwoch in seine Straße einbog, stutzte er. Das war doch Papas Auto, das da an der Straße stand. Und noch bevor Niko klingeln konnte, öffnete sich die Tür und neben Papa stand Opa. Papa streckte Niko einen roten Umschlag mit einem goldenen Stern darauf entgegen.

„Das wurde heute für dich abgegeben“, sagte er.

Niko riss den Umschlag auf und überflog den Brief.

„Was steht denn drin?“, fragte Opa und schmunzelte. Niko las:

Lieber Niko,
es wird Zeit für den Weihnachtsbaum, findest du nicht? Aber dieses Jahr mache ich es deinem Vater und dir nicht so einfach. Dieses Jahr werdet ihr euch euren Baum selbst aus dem Wald holen. Förster Gerber nimmt euch mit und hilft euch, den richtigen Baum auszusuchen. Und ich denke, er wird dir ein wenig darüber erzählen können, warum wir an Weihnachten Bäume im Wohnzimmer aufstellen.

Niko sah fragend seinen Papa an: „Warum bist du eigentlich hier und nicht bei der Arbeit?“

Sein Papa lächelte nur. „Tja, an Weihnachten gibt es viele Geheimnisse, Niko. Und dieses wirst du heute nicht erfahren." Er zwinkerte Opa zu.

„Wenn ihr nichts dagegen habt, würde ich gerne mitfahren", sagte Opa. Natürlich freuten sich Niko und Papa. Gemeinsam fuhren sie an den Waldrand. Dort wartete ein Mann in warmer Jacke und Stiefeln auf sie. Ein Hund saß neben ihm.

„Hallo Niko", sagte Förster Gerber, „wie ich gehört habe, willst du dir heute deinen Weihnachtsbaum selbst schlagen."

Niko nickte stumm. Er hatte noch nie einen Baum gefällt, aber Papa war ja dabei und würde ihm bestimmt helfen.

Zu viert stapften sie auf einem Wanderweg in den Wald. Nach einer Weile führte sie der Förster in ein Waldstück, in dem viele junge Nadelbäume standen. Manche waren schon größer als Niko, andere reichten ihm nicht einmal bis zum Knie.

„Schau mal, der ist es!", rief Niko und deutete auf einen Baum, der etwas abseits stand und seine Zweige dicht und weit über den Boden streckte.

„Ja, der ist wunderschön", sagte Papa, „aber ich fürchte, den kriege ich weder auf mein Autodach noch ins Wohnzimmer. Lass uns schauen, ob wir nicht einen kleineren finden."

„Aber vielleicht kann uns dieser Baum zeigen, warum wir hier sind", sagte der Förster. „Vorher eine Frage an dich, Niko: Weißt du, was Nadelbäume so besonders macht?"

„Sie piksen?", fragte Niko zurück.

„Ja, das sind ihre Nadeln. Wie sehen denn die Bäume mit großen Blättern, man nennt sie auch Laubbäume, jetzt gerade aus?"

Niko sah sich um. „Sie sind kahl."

Gerber nickte. „Nadelbäume behalten im Winter ihre Nadeln, das sind ihre Blätter. Diese sind so hart und fest, dass sie auch bei Kälte nicht erfrieren. Andere Blätter würden im Winter einfach kaputtgehen. Grün steht für das Leben und da im Winter nur die Tannen und Fichten grün sind, erinnern sie uns daran, dass durch Jesus neues Leben möglich wird. Nadelbäume haben außerdem noch eine Eigenart: Sie zeigen nach oben, Richtung Himmel. Ich finde, das passt zum Heiligabend. Aber nun genug erzählt. Wir müssen ja noch euren Baum finden."

Es dauerte noch eine ganze Weile, bis sie „ihren" Baum fanden. Nicht zu groß und nicht zu klein, mit breiten, langen Zweigen und einem kleinen Fehler: Er hatte nämlich zwei Spitzen. Niko wusste sofort, dass das der Richtige war, aber als Papa ihn sah, runzelte er erst die Stirn.

„Der ist aber nicht wirklich schön, Niko. Lass uns doch einen nehmen, der ganz gerade gewachsen ist", sagte er.
„Aber Papa, der zeigt gleich zweimal Richtung Himmel! Das ist der Richtige, glaube mir!", rief Niko.
Dagegen konnte Papa nichts einwenden. Also setzten Niko und er die Säge an und nach viel Hin und Her und ein wenig Geschnaufe löste sich der Baum vom Boden. Gemeinsam zogen sie ihn aus dem Wald und zum Auto.
An diesem Abend schaute Niko noch einmal aus dem Fenster in den Garten, wo ein himmlischer Baum auf seinen großen Tag wartete.

Er wuchs vor ihm auf wie ein Spross; er entsprang wie eine Wurzel aus trockenem, unfruchtbarem Land.

Jesaja 53,2

15. Dezember

Der singende Adventskalender

Es war wieder Donnerstag geworden, Opa-Tag für Niko. Und kein Brief. Den ganzen Vormittag wartete Niko wieder, dass irgendwo ein goldener Stern auf rotem Papier auftauchte, aber nichts. Er tröstete sich damit, dass der Stern ja auch schon an anderen Tagen erst nachmittags aufgetaucht war.
Opa öffnete ihm die Tür, Niko roch Kinderpunsch und freute sich. Doch gerade als die beiden das Malefiz-Brett aufgebaut hatten, klingelte es.
„Komisch", sagte Opa, „wer mag das wohl sein?" Aber seine Augen funkelten und verrieten Niko, dass er sehr wohl wusste, wer da vor der Tür stand.
Beide öffneten und in dem Moment, als die Tür aufschwang, scholl ihnen Gesang entgegen. Im Vorgarten stand eine Gruppe Männer und Frauen, warm eingemummelt gegen die Winterkälte. Einer trug eine Laterne und alle hatten Notenblätter in den Händen. Sie sangen:

O come, all ye faithful,
Joyful and triumphant,
O come ye, O come ye to Bethlehem;

Niko staunte. Was waren das für Menschen, die einfach klingelten und sangen? Opa aber schien gar nicht überrascht zu sein. Er schmunzelte nur und genoss das Konzert sichtlich. Und dann sah Niko, dass die Notenblätter der Sänger auf der Rückseite rot waren – und auf jedem klebte ein goldener Stern. Na so was! Ein singender Adventskalender.

Die Sänger waren inzwischen mit ihrem Lied fertig und stimmten ohne Pause das nächste an:

O little town of Bethlehem,
How still we see thee lie!
Above thy deep and dreamless sleep
The silent stars go by;

Jetzt gingen Lichter ringsherum an. Die Türen öffneten sich und Opas Nachbarn schauten verwundert auf die Straße. Einige von ihnen kamen aus ihren Häusern, ebenfalls warm eingepackt, stellten sich rings um den kleinen Chor und hörten zu.
Als der Chor sein zweites Lied beendet hatte, klatschten alle und jubelten. Einer der Sänger trat vor und sagte: „Lieber Niko, wir zeigen dir heute einen Brauch aus England. Dort laufen in der Weihnachtszeit Menschen von Haus zu Haus und singen für die Menschen, um

alle ein wenig fröhlicher zu machen. Denn an Weihnachten dürfen wir uns über Gottes unfassbare Liebe freuen. Und jetzt möchten wir mit euch allen zusammen singen. Wer braucht Textblätter?"
Und dann verteilten die Sänger Liedblätter an alle, Opa holte seine und Nikos Jacke und der Vorgarten war voller Menschen, die gemeinsam sangen. Sie sangen „Stille Nacht, heilige Nacht", „Macht hoch die Tür" und „Ihr Kinderlein kommet".
Als allen die Puste ausging und es immer kälter und dunkler wurde, holte Opa Kinderpunsch und Tassen nach draußen. Merkwürdigerweise hatte er einen riesigen Topf gekocht. Alle tranken Punsch und aßen Lebkuchen, redeten und erzählten sich, welches ihre liebsten Weihnachtslieder waren.
Als die Sänger weiterzogen, bedankten sich die Nachbarn und gingen zurück in ihre Häuser. Die Türen schlossen sich wieder.
„Nun, Niko, so könnte es immer sein", sagte sein Opa und er klang ein wenig traurig. „Wir könnten alle gemeinsam singen und feiern. Stattdessen sitzt jeder allein in seinem Haus und ist einsam. Das ist schon ein wenig schade. Für einen Moment lang hatte ich das Gefühl, dass es wirklich Weihnachten wird."
Niko erschrak ein wenig. War sein Opa einsam? „Aber Opa, du kommst doch an Weihnachten auf jeden Fall wieder zu uns!", rief er. „Du bist doch nicht allein!"
Sein Opa schaute ihn verwundert an. „Nein, natürlich nicht, Niko. Aber es gibt da draußen so viele Menschen, die keine Familie haben. An die habe ich gedacht, weißt du?"
Niko nickte. Wieder einmal ließ ihn das Erlebte sehr nachdenklich zurück.

Freut euch über seinen heiligen Namen. Alle, die zum Herrn beten, sollen fröhlich sein!

Psalm 105,3

16. Dezember

Von Haus zu Haus

An diesem Tag war es wieder jemand aus Nikos Schule, der eine Nachricht für ihn hatte. Er drückte gerade die Tür auf, um nach Hause zu gehen, da tippte ihm Miguel aus der Parallelklasse auf die Schulter. Niko kannte Miguel vom Fußballtraining, wo sie in einer Mannschaft spielten. Miguel war ein starker Spieler, aber auch immer für einen Streich zu haben.

Er hielt Niko den schon bekannten Umschlag unter die Nase. „Heute lade ich dich ein", sagte er. „So eine Adventsfeier wie heute hast du bestimmt noch nicht erlebt." Niko wurde richtig neugierig, denn er wusste, dass Miguels Eltern aus Mexiko stammten.

„Wir treffen die anderen vor der katholischen Kirche", sagte Miguel.

„Die anderen?", fragte Niko. „Wen denn?"

„So ziemlich jeden aus meiner Gemeinde. Heute ist nämlich der erste Tag von Las Posadas. Du weißt ja, dass es noch neun Tage bis Heiligabend sind und ab heute feiern wir jeden Abend."

„Was bedeutet Las Posadas?"

„So viel wie ‚Gasthäuser'", antwortete Miguel, „und ich denke, du wirst sehr schnell erkennen, welche Gasthäuser gemeint sind."

Vor der Kirche wartete wirklich eine ganze Menge von Leuten. Manche trugen Kerzen, andere hielten Notenblätter in den Händen und ein Mann und eine Frau hatten sich verkleidet. Die Frau trug einen weißen Rock und hatte ein blaues Tuch um den Kopf gelegt. Der Mann trug ein langes, braunes Gewand, einen Hut und einen Stab. Niko erkannte das Pärchen sofort. „Das sind Maria und Josef!", rief er. Miguel nickte. „Sie machen sich heute auf den Weg und suchen nach einer Herberge. Neun Tage lang begleiten wir sie, bis sie eine Bleibe gefunden haben."

Kurz darauf setzte sich der Zug in Bewegung. Die Menschen redeten und lachten, manche sangen Weihnachtslieder. Miguel traf ein paar Freunde und bald rannten sie gemeinsam mit Niko um den Zug und spielten Fangen.

Dann hielten sie an einem Haus an. Josef klopfte an die Tür. Ein Mann öffnete ihm und im gleichen Augenblick fing der Chor an zu singen: „En el nombre del cielo/ os pido posada/ pues no puede andar/ mi esposa amada."

Miguel flüsterte Niko die Übersetzung ins Ohr: „Im Namen des Himmels bitte ich euch um Unterkunft, weil meine geliebte Frau nicht weiterlaufen kann."

Der Mann antwortete und sang: „Aquí no es mesón,/ sigan adelante/ Yo no debo abrir,/ no sea algún tunante." Miguel flüsterte: „Dies ist keine Pension, geht weiter, ich kann nicht öffnen, du könntest ein Gauner sein."

Die Leute buhten und schimpften, als er das sang, aber sie lachten auch.

Dann sang wieder der Chor und so ging es eine ganze Weile hin und her. Bevor der Zug weiterging, reichte der Hausherr süßes Gebäck aus der Haustür, das an alle verteilt wurde. Als Josef an der nächsten Tür klopfte, öffnete sich diese nicht. Beim dritten Haus hatten sie wieder Glück. Aber auch diese Leute ließen sie nicht ein, hatten aber einen großen Stern aus Papier an den Baum im Vorgarten gehängt. Sie verteilten Stöcke an Niko, Miguel und seine Freunde und die Jungs durften aus Leibeskräften auf den Stern einhauen. Als er endlich zerriss, ging ein Bonbonregen auf die Kinder nieder.

Langsam wurden Niko die Füße schwer. „Wann werden Maria und Josef denn endlich eingelassen?", fragte er Miguel.
Miguel sagte: „O, das passiert erst am Heiligabend. Wir müssen noch acht weitere Nächte von Haustür zu Haustür laufen, bis sie endlich einen Raum in der Herberge finden. Bis dahin aber haben wir jede Menge Spaß. Und dann ist Weihnachten."
„Na", seufzte Niko, „länger sind die echten Eltern von Jesus sicher auch nicht unterwegs gewesen."
Dem konnte Miguel nur zustimmen.

Maria gebar ihr erstes Kind, einen Sohn. Sie wickelte ihn in Windeln und legte ihn in eine Futterkrippe, weil es im Gasthaus keinen Platz für sie gab.

Lukas 2,7

17. Dezember

Auf der Straße

An diesem Tag erwartete Niko nicht nur ein roter Umschlag, nein, der Postbote brachte ein ganzes Päckchen für ihn. Sein Bruder, der dem Postboten die Tür geöffnet hatte, wollte es gar nicht mehr aus der Hand geben.
„Das gehört mir!", rief Niko und versuchte es ihm wegzunehmen.
Doch so leicht gab Lukas nicht nach.
„Ich will auch schauen, was drin ist", sagte er.
„Du kannst ja zuschauen, aber ich mache es auf", antwortete Niko.
Er holte eine Schere und schnitt das Päckchen auf. Als er den Deckel umklappte, staunten beide: In der Schachtel waren lauter Zwei-Euro-Münzen! Lukas tauchte seine Hand in die Münzen und ließ sie aufeinander klingen.
Niko wunderte sich. Der geheimnisvolle Briefeschreiber wurde immer merkwürdiger. Zum Glück war wieder ein Brief dabei.

Lieber Niko,
nein, das Geld ist nicht für dich. Ich gebe dir heute eine Aufgabe: Nimm die Münzen und gehe durch die Fußgängerzone. Jedem Bettler, der dort sitzt, gib eine Münze. Aber du sollst nicht nur Geld verteilen. Ich möchte, dass du die Menschen, die dort im Kalten sitzen, kennenlernst. Das kannst du am besten, wenn du ihnen Fragen stellst.
Was das mit Weihnachten zu tun hat? Es waren Menschen wie die Bettler in der Fußgängerzone, die die Engel an die Krippe gerufen haben. Sie waren die ersten, die den König willkommen heißen durften. Nicht die Reichen, nicht die Coolen, nicht die Starken, sondern die

Schwachen und Außenseiter. Die, die keine tollen Klamotten trugen, die, die von anderen verspottet wurden. Das sind die Menschen, die Gott besonders beschenkt. Das ist Grund genug, sie einmal kennenzulernen. Das braucht vielleicht ein wenig Mut, aber wie ich dich kenne, wirst du das hinkriegen.

„Na, das ist mal eine verrückte Idee!", sagte Lukas. „Da mache ich mit. Darf ich auch ein paar der Münzen haben?"
Niko überlegte nicht lange. Sein großer Bruder mochte manchmal richtig nervig sein, aber wenn es darum ging, mutige Dinge zu tun, war er der beste Kumpel, den man sich denken konnte.
Sie stopften sich die Taschen mit den Münzen voll und machten sich auf den Weg in die Stadt. Der erste Bettler, den sie trafen, war ein alter Mann, der vor einer Bäckerei auf dem Boden kauerte. Er hatte sich ein Lager aus Decken gebaut und vor sich einen Pappbecher aufgestellt. Neben ihm lag ein kleiner, struppiger Hund, den der Alte streichelte, während er den Vorübergehenden in die Gesichter sah. Die meisten eilten an ihm vorüber, ohne ihm auch nur einen Blick zuzuwerfen. Und wenn sie es doch taten, sahen sie schnell wieder weg. Niko und Lukas blieben etwas entfernt stehen und beobachteten ihn eine Weile. Jetzt, da sie wussten, sie würden mit dem Mann sprechen, wurde ihnen doch etwas mulmig.
Endlich fasste sich Niko ein Herz und ging zu ihm. Er holte eine Münze aus seiner Tasche und legte sie in den Becher.
Der Mann nickte ihm freundlich zu und sagte: „Vielen Dank."
„Wie heißt denn Ihr Hund?", fragte Niko, während Lukas sich neben ihn stellte.
„Das ist Stövchen. Sie heißt so, weil sie mich immer warmhält", antwortete der Mann.

„Warum gehen Sie denn nicht nach Hause und wärmen sich auf?", fragte Lukas nun.
„Stövchen und ich haben kein Zuhause wie ihr", sagte der Mann. „Wir sind immer auf der Straße."
„Und wo schlafen Sie dann?"
Der Mann zuckte mit den Achseln. „Wo immer wir ein Plätzchen finden."

Niko und Lukas schwiegen. Der Mann, der Gunter hieß, stellte nun seinerseits ein paar Fragen und ein kleines Gespräch entspann sich. Doch irgendwann wollten Lukas und Niko weiter. Sie verabschiedeten sich von Gunter.

An diesem Tag trafen sie viele neue Menschen. Pietro, der auf der Brücke über dem Fluss Geige spielte, erzählte ihnen von seiner Heimat. Der Akrobat Patrick brachte sie zum Lachen, während sie ihm zusahen. Und eine Frau, die furchtbar traurige Lieder sang, verstand ihre Frage nicht, freute sich aber sehr, als Lukas und Niko ihr eine Münze gaben.

Als ihre Taschen leer waren, gingen die Brüder nach Hause. Sie schwiegen, denn sie hatten viel nachzudenken. Sie fühlten sich beschenkt und ahnten gleichzeitig, dass ihre Münzen keinen großen Unterschied gemacht hatten. Das aber, schworen sie sich, sollte nicht das Ende sein.

Eigentlich sollte es keine Armen unter euch geben, denn der Herr, euer Gott, wird euch in dem Land, das er euch als Erbe gibt, reich segnen.

5. Mose 15,4

18. Dezember

Alles schläft. Einsam wacht

Der nächste rote Brief wartete in der Kirche auf Niko. Der Kindergottesdienst war gerade zu Ende, da kam Frank, der Organist der Gemeinde, auf ihn und seine Eltern zu.
„Hallo Niko, ich glaube, du und ich, wir haben eine Verabredung", sagte er und hielt Niko lächelnd eine rote Karte mit einem goldenen Stern hin. Niko schaute seine Eltern fragend an, seine Mutter nickte nur und lächelte ebenfalls.
Niko folgte Frank in die Kirche und auf die Empore. Frank setzte sich auf die Orgelbank und begann zu spielen. Niko stand hinter ihm und schaute zu, wie seine Finger über die Tasten glitten. Er kannte das Lied, es war „Stille Nacht, heilige Nacht". Frank spielte die Melodie einmal durch und drehte sich dann zu Niko um.
„Das hast du sicher erkannt, oder?"
Niko nickte.
„Wusstest du, dass es das bekannteste Weihnachtslied überhaupt ist? Man kann es in über 50 Sprachen singen. Aber entstanden ist es in einer kleinen Stadt in Österreich. Und wie es dazu kam, das würde ich dir gerne erzählen. Mach es dir bequem."
Niko setzte sich auf einen der Stühle, die direkt neben der Orgel standen. Frank schaltete das Instrument aus und begann zu erzählen:

Vor ziemlich genau 200 Jahren lebten in einer kleinen österreichischen Stadt nahe Salzburg zwei Freunde, sie hießen Peter und Fritz. Beide waren sie Bauernsöhne und ihre Höfe lagen recht nahe beieinander. So konnten sich die beiden immer besuchen und miteinander spielen.

Viel Zeit hatten sie dafür allerdings nicht, denn es war damals ganz normal, dass die Kinder auf den Bauernhöfen mitarbeiteten. Sie kümmerten sich um die Tiere, sammelten die Eier im Hühnerstall ein und halfen beim Melken und bei der Ernte.

Fritz und Peter aber fanden doch immer wieder die ein oder andere Stunde, um in den Wald zu verschwinden, dort Lager zu bauen oder Heidelbeeren zu pflücken. Im Winter ruhte die Arbeit und Peter und Fritz konnten zur Schule gehen. Jeden Morgen stapften sie gemeinsam durch den tiefen Schnee, hinab ins Tal, wo sie mit den anderen Kindern des Ortes im Schulhaus Lesen und Schreiben übten. Ihr Lehrer war auch der Organist und Messner der Kirche. Er hieß Herr Gruber und die Kinder hatten ihn recht gern. Besonders liebten sie es, wenn er mit ihnen Musik machte.

Fritz und Peter hatten aber noch eine andere Aufgabe, sie halfen nämlich Herrn Gruber beim Orgelspielen. Sie waren seine Kalkanten, das bedeutete, dass sie die großen Blasebälge bedienten, die den Wind für die Orgelpfeifen erzeugten. Das war eine schwere und manchmal auch langweilige Arbeit. Aber weil Peter und Fritz Herrn Gruber so mochten, halfen sie ihm gerne. Nur manchmal hatten sie zu viel Schabernack im Kopf und hörten mitten im Lied auf zu pumpen, sodass der Orgel die Luft ausging. Dann pfiff sie noch ein paar schräge Töne und war dann still, so sehr Herr Gruber auch in die Tasten haute. Natürlich gab das ein Riesendonnerwetter, aber es war einfach zu lustig.

Nicht alle Kinder in der Schule liebten Herrn Gruber. Er war ein freundlicher, aber auch ein strenger Lehrer und mochte es gar nicht, wenn man sich keine Mühe gab. Einige der größeren Jungs aber waren der Meinung, dass man als Bauer nicht lesen können musste. Sie wollten lieber draußen sein, Ski fahren und zum Holzschlagen in den Wald gehen. Doch Herr Gruber forderte auch von ihnen, dass sie sich in der Schule anstrengten, was sie sehr verdrießte.

Eines Tages waren die Großen in der letzten Reihe der Dorfschule wieder einmal sehr unaufmerksam, redeten miteinander statt ihre Aufgaben zu machen und zogen den Mädchen, die vor ihnen saßen, an den Zöpfen.

Da fing Herr Gruber an zu schimpfen: „Ihr seid jetzt gefälligst ruhig dahinten. Wenn ihr meint, dass ihr es nicht nötig habt zu lernen, dann macht ihr nun eben die doppelte Arbeit! Ihr geht nicht nach Hause, bis ihr diese Seiten aus dem Buch abgeschrieben habt! Und wenn ihr damit fertig seid, holt ihr Wasser aus dem Brunnen und schrubbt den Fußboden."

„Das können Sie nicht machen!", rief Gernot, der Wortführer der Jungs. „Unsere Eltern werden böse sein, wenn wir so spät nach Hause kommen."

„Oh doch, das kann ich sehr wohl!", erwiderte Herr Gruber. „Und wehe, ihr erledigt die Aufgaben nicht ordentlich, dann gehe ich morgen zu euren Eltern und erzähle ihnen persönlich, was ihre Jungs in der Schule anstellen. Jetzt fangt an, sonst wird es noch viel später!"
Grummelnd und schimpfend machten sich Gernot und seine Freunde an die Arbeit. Aber Peter und Fritz ahnten, dass sie sich das nicht gefallen ließen. Würden sie es dem Lehrer heimzahlen?"

Hier hielt Frank inne, denn es waren Schritte auf der Treppe zu hören. Kurz darauf tauchte der Kopf von Nikos Papa auf.
„Bitte entschuldige, Frank, aber wir würden gerne nach Hause zum Mittagessen gehen. Kannst du deine Geschichte vielleicht morgen weitererzählen?", fragte er.
„Klar", antwortete Frank, „weißt du was, Niko, komm doch morgen nach der Schule einfach wieder hierher in die Kirche. Dann erzähle ich dir die Geschichte zu Ende."

Sei ruhig in der Gegenwart des Herrn und warte, bis er eingreift. Ärgere dich nicht über die Bösen, denen es gutgeht, und fürchte dich nicht vor ihren bösen Plänen.
Psalm 37,7

19. Dezember

Nur das traute, hochheilige Paar

Wieder setzte sich Frank auf die Orgelbank, während es sich Niko auf einem Stuhl bequem machte. Frank erzählte weiter:

„Nun, Fritz und Peter hatten richtig vermutet. Die Jungs um Gernot heckten in aller Stille Böses aus. Natürlich wagten sie nicht, Herrn Gruber offen einen Streich zu spielen, aber als der Lehrer zusammen mit Peter und Fritz am Morgen des Heiligabends in die Kirche kam, um die Musik für den Weihnachtsgottesdienst zu üben, waren die Blasebälge der Orgel zerstochen und das riesige Instrument gab keinen Ton von sich.
Herr Gruber war verzweifelt. „Was machen wir denn jetzt?", rief er. „Heute Nachmittag kommen die Leute aus der ganzen Gegend in die Kirche und wir haben keine Musik."
„Herr Gruber, fragen Sie doch mal Herrn Mohr, der hat vielleicht eine Idee", sagte Peter. Fritz nickte. Joseph Mohr war der Hilfspriester der Gemeinde und war für seine guten Einfälle bekannt.
„Das ist ein guter Vorschlag", sagte Herr Gruber, sichtlich erleichtert. „Der Sepp wird sich was ausdenken. Wisst ihr was? Lauft ihr rüber ins Pfarrhaus und schaut, ob er da ist. Ich bleibe derweil hier und probiere, ob ich nicht doch etwas tun kann."
Fritz und Peter rannten los. Ein eisiger Wind blies ihnen entgegen, als sie die Kirchentür öffneten. Geduckt stemmten sie sich gegen die Böen und liefen, so schnell sie konnten, die Straße hinunter zu dem kleinen Häuschen, in dem Joseph Mohr wohnte. Sie klopften an die Tür und nach einer Weile öffnete ihnen der Priester, kauend und mit einem Stück Brot in der Hand. Er saß wohl gerade beim Frühstück.

„Herr Mohr, Herr Mohr, sie müssen Herrn Gruber helfen!", riefen die Jungen. „Die Orgel ist kaputt!"
Herr Mohr hob die Hände und sagte lachend: „Kommt doch bitte erst einmal rein, es ist ja fürchterlich kalt da draußen."
Fritz und Peter traten in den Hausflur und Mohr schloss die Tür. Und dann erzählten sie ihm von Gernot und seinen Freunden, von der schweigenden Orgel und von Herrn Gruber, der verzweifelt auf der Empore hin und her lief. Da lachte Herr Mohr nicht mehr.
Er rieb sich einen Moment nachdenklich das Kinn, dann sagte er: „Vielleicht habe ich eine Idee. Ich muss nur ..."
Zerstreut fuhr er sich durchs Haar und hinterließ dort eine Krümelspur, dann drehte er sich um und ging in sein Arbeitszimmer. Peter und Fritz sahen zu, wie er vor sich hin murmelnd die Papiere auf seinem Schreibtisch durchwühlte. „Wo habe ich es denn nur ... es muss hier doch irgendwo sein ... ah, da ist es ja!"
Er kam mit einem Blatt Papier zu Fritz und Peter zurück. „Fritz, lauf bitte schnell zurück zur Kirche und gib das dem Franz. Sag ihm, wir

begleiten heute den Gottesdienst nicht mit der Orgel, sondern auf der Gitarre. Ich spiele, wenn er mir ein paar Choräle umschreibt. Und gib ihm das hier." Er streckte Fritz das Blatt entgegen. „Vielleicht kann er daraus ein Lied machen. Peter, du läufst so schnell du kannst nach Hause und bittest deinen Vater um seine Gitarre. Ich mache mich fertig und dann treffen wir uns alle in der Kirche."
Peter und Fritz rannten los wie die Hasen. Als Fritz wieder in der Kirche ankam, kniete Herr Gruber bei den Blasebälgen und schimpfte vor sich hin.
„Herr Gruber, ich bin wieder da!", rief Fritz.
Franz Gruber schreckte hoch, stieß sich prompt den Kopf und schimpfte noch lauter.
„Herr Mohr sagt, er spielt im Gottesdienst auf der Gitarre und Sie sollen ein paar Choräle umschreiben und hier ist noch ein Gedicht, aus dem sollen Sie ein Lied machen. Und er kaut noch fertig und kommt dann sofort."
Gruber rieb sich den Kopf und lachte. „Was, er kaut noch fertig? Na, dann kann es ja so schlimm nicht sein. Choräle für die Gitarre will er und gleich noch ein ganzes Lied? Zeig mal her."
Fritz gab ihm das Papier. Gruber las und murmelte vor sich hin.
„Könnte funktionieren. Wenn mir eine gute Melodie einfällt. Mal sehen."
Er setzte sich wieder auf die Orgelbank, Fritz setzte sich neben ihn, schaute ihm über die Schulter und las:

Stille Nacht! Heilige Nacht!
Alles schläft. Einsam wacht
Nur das traute, hochheilige Paar.
Holder Knabe im lockigen Haar
Schlaf in himmlischer Ruh.
Schlaf in himmlischer Ruh.

Gruber summte, rieb sich das Kinn und sagte eine ganze Weile nichts mehr. Dann kratze er sich am Kopf, seufzte und sagte: „Es hat keinen Sinn. Ich ärgere mich zu sehr über die kaputte Orgel." Dann schaute er Fritz an. „Du hast doch als Kalkant schon viele Choräle gehört und aus der Schule weiß ich, dass du gut singen kannst. Hast du vielleicht eine Idee?"
Fritz schaute sich den Text an. Dann meinte er vorsichtig: „Nun, im Lied ist es wohl Nacht und Baby Jesus soll einschlafen. Wenn meine Mama meine kleine Schwester ins Bett bringt, singt sie immer Schlaflieder. Vielleicht wäre so eine Art Wiegenlied gut?"
Herr Grubers Augen begannen zu leuchten. „Natürlich! Ein Dreier-Takt."
Er ging auf und ab, das Blatt in der Hand und sang vor sich hin. Irgendwann holte er Notenpapier aus seiner Tasche und kritzelte schwarze Pünktchen darauf, sang wieder, strich durch und schrieb wieder. Er schien Fritz ganz vergessen zu haben.
So verging eine ganze Weile. Dann endlich kam Peter mit der Gitarre und kurz darauf Herr Mohr in feinem Sonntagsanzug. Die beiden Herren hatten nun jede Menge zu besprechen. Draußen wurde es langsam dunkel, der Heilige Abend war da. Fritz und Peter halfen dem Messner, die Kerzen anzuzünden.
Dann kamen die Gottesdienstbesucher und die Kirche füllte sich. Die Jungen durften bei Herrn Mohr und Herrn Gruber in der ersten Reihe sitzen. Als die Kirche voll war, stand Herr Mohr auf und sagte: „Liebe Gemeinde, leider müssen wir heute ohne Orgel auskommen, denn sie ist kaputtgegangen." Ein Murmeln ging durch die Reihen. „Doch davon werden wir uns nicht abhalten lassen. Zum Glück lässt sich auch Gott nicht abhalten, egal, was in dieser Welt geschieht. Er kommt zu uns, als kleines Kind, und das wollen wir auch in dieser Nacht feiern."
Der Gottesdienst begann und nahm seinen Lauf. Nach dem ersten Schrecken schienen sich die Gottesdienstbesucher über Mohrs Gi-

tarrenspiel zu freuen. Kurz nach der Predigt war es dann so weit. Mohr und Gruber standen vorne und sangen das neue Lied. So süß war diese Melodie, so schön der Text, dass die Menschen andächtig lauschten. Fritz und Peter sahen, dass sich mancher eine Träne aus dem Auge wischte. Sanft wie ein Wiegenlied und doch eindeutig ein Weihnachtslied. Peter bemerkte, dass sogar Gernot und seine Bande ganz still waren.

Und dann war es vorbei. Einen Moment lang war es ganz leise in der Kirche. Mohr beendete den Gottesdienst und die Besucher gingen hinaus in die Weihnacht.
Fritz und Peter gingen auch nach Hause, stumm und schweigend. Sie wussten, dass sie an diesem Abend etwas ganz Besonderes hatten miterleben dürfen."

Frank schwieg und für einen Moment war es auch in dieser Kirche ganz still. Dann sagte Niko: „Das Lied kenne ich natürlich. Ist die Geschichte auch wahr?"
Frank lächelte. „Nun, das mit Fritz und Peter habe ich mir ausgedacht. Joseph Mohr und Franz Gruber aber hat es tatsächlich gegeben."
Niko nickte. Er fand es schön, dass so viele Menschen auf der Welt dasselbe Lied über die Geburt von Jesus sangen. Er freute sich nun schon sehr auf den Gottesdienst am Heiligabend, denn dann würde auch seine Gemeinde einstimmen.

Ehre sei Gott im höchsten Himmel und Frieden auf Erden für alle Menschen, an denen Gott Gefallen hat.

Lukas 2,14

20. Dezember

Licht gibt's nur im Dunkeln

Sherlock war es wieder, der den nächsten Brief brachte. Darin stand:

Lieber Niko,
heute habe ich eine Aufgabe für deine ganze Familie. Wenn es dunkel wird, zieht euch warm an und lauft auf dem Weg am Ende eurer Straße in den Wald hinein. Nehmt keine Taschenlampen und kein anderes Licht mit.

Als Niko den Brief seinen Eltern zeigte, wussten diese schon Bescheid. Aber so sehr er sie auch drängte, sie verrieten ihm nicht, wer es ihnen gesagt hatte. Seine Mutter schmunzelte nur und meinte: „Warte es einfach ab, Niko. Du wirst es erfahren."
So zogen sich die fünf warm an und gingen hinaus. Sophie war sehr aufgeregt und hüpfte voraus. Solange sie die Straße ihres Wohngebiets entlanggingen, leuchteten ihnen die Straßenlaternen, sodass sie gut vorankamen. Doch dann erreichten sie den Rand der Stadt und blieben stehen. Vor ihnen breiteten sich die Felder aus, ganz schwach am Horizont konnten sie die Silhouette des Waldes erahnen. Hier verlief die Grenze zwischen Licht und Finsternis. Sie konnten

nicht einmal den Weg in wenigen Metern Entfernung erkennen.
„Warum haben wir keine Taschenlampen mitgenommen?“, fragte Lukas. „Da können wir doch gar nicht weiterlaufen, so dunkel wie es ist.“
„Lasst es uns einfach ausprobieren“, sagte sein Vater. „Wenn es uns zu dunkel ist, können wir ja umdrehen.“
Also gingen sie weiter. Sophie sprang nun nicht mehr voraus, sondern nahm Mama an der Hand. Auch Niko und Lukas hielten sich lieber nahe bei ihren Eltern.
Die ersten Schritte gingen alle sehr vorsichtig, fast tastend. Doch dann bemerkte Niko, dass sich seine Augen an die Dunkelheit gewöhnten und er auf einmal wieder vieles sehen konnte: Den Rand des Feldweges, die größeren Schlaglöcher und sogar den grasbewachsenen Mittelstreifen. Auch die anderen gingen nun wieder schneller. Rund um sie her war es völlig still. Es war, als schliefe die ganze Welt.
Nach einer Weile drehte sich Niko um. „Schaut mal!“, rief er. „Wie grell die Stadt ist!“ Alle blieben stehen und schauten zurück. Vor ihnen schwammen Lichtfunken in der Schwärze, tausende gelbe Lichter auf den Straßen, unzählige beleuchtete Fenster.
„Das ist ja unfassbar viel Licht“, sagte Papa.
Sie gingen weiter. Als sie den Waldrand erreichten, erkannten sie, dass es auf dem offenen Feld, wo ihnen der Sternenhimmel und der schmale Mond geschienen hatten, noch hell gewesen war. Nun wurde es richtig dunkel.
„Mama, ich kriege Angst“, wimmerte Sophie. Papa beruhigte sie und nahm sie auf den Arm. So gingen sie weiter.
Plötzlich rief Niko: „Schaut mal, da vorne brennt ein Licht!“ Und tatsächlich: Zwischen den Baumstämmen flackerte eine kleine Flamme. Als sie näherkamen, erkannten sie, dass jemand eine Kerze in das Fenster eines Grillhäuschens gestellt hatte.

„Verrückt", sagte Niko, „es ist nur eine einzige Kerze, aber hier im Wald leuchtet sie ganz anders als bei uns daheim auf dem Tisch."
Sie erreichten die Grillhütte. Auf dem Tisch vor ihnen standen Becher und eine Thermoskanne, dazu ein kleiner Korb mit Mandarinen und

Lebkuchen. Und neben der Kerze – noch ein roter Briefumschlag. Während Papa Kinderpunsch ausschenkte (Sophie rief: „Der schmeckt wie der von Opa!") und die anderen in ihren Lebkuchen bissen, las Niko vor:

Schön, dass ihr gut angekommen seid. Hattet ihr Angst im Dunkeln? Ist es nicht erstaunlich, wie sehr wir daran gewöhnt sind, immer Licht zu haben, egal wie dunkel es draußen ist? Wir haben vergessen, dass Licht etwas Wertvolles und Schönes ist, weil wir zu Hause nur auf den Schalter drücken und so viel Helligkeit haben, wie wir wollen. Wir leben im Überfluss.

Als Jesus auf die Welt kam, war das noch anders. Nachts war es finster und nur reiche Leute konnten ihre Häuser ganz erhellen. Eine einzige Kerze oder ein Feuer musste den meisten genügen. Doch vielleicht habt ihr heute Abend bemerkt, welche Kraft ein kleines Licht in der Dunkelheit haben kann.

Die Kerzen, die wir an Weihnachten anzünden, sollen uns genau daran erinnern: Jesus ist das Licht der Welt. Wir leben in einer Dunkelheit, so schwarz wie dieser Wald. Jesus ist die einzige Kerze, doch er kann uns sicher leiten, wenn wir seinem Schein folgen.

Jesus sagte zu den Leuten: „Ich bin das Licht der Welt. Wer mir nachfolgt, braucht nicht im Dunkeln umherzuirren, denn er wird das Licht haben, das zum Leben führt."
Johannes 8,12

21. Dezember

Ein Stern gegen die Angst

Niko öffnete nach der Schule gerade die Haustür, als seine Mutter in den Flur trat, das Telefon in der Hand: „Niko, Telefon für dich. Pfarrer Wolf ist dran, er will dich sprechen."
Niko griff nach dem Telefon. „Hallo?"
„Hallo Niko. Hier ist Pfarrer Wolf. Du fragst dich sicher, warum ich dich anrufe. Nun, ehrlich gesagt, wundere ich mich selbst darüber, aber ich habe hier einen Brief in meiner Hand, der in meinem Briefkasten lag. Er ist rot und mit einem großen goldenen Stern verziert. Kommt dir das bekannt vor?"
Niko schmunzelte. „Und ob! Was steht denn drin?"
Er hörte, wie es im Hörer raschelte. Pfarrer Wolf räusperte sich. „Nun, der Schreiber bittet mich, dir etwas über den Herrnhuter Stern zu erzählen, der in unserer Kirche hängt. Ein komischer Zufall ist, dass gerade gestern die Birne im Stern durchgebrannt ist. Ich wollte sie heute austauschen. Wenn du willst, kannst du mir helfen. So gegen vier vielleicht?"
Niko sah seine Mutter an, die immer noch neben ihm stand und ganz unverkennbar neugierig war. „Ist gut, Herr Wolf. Ich komme so gegen vier in die Kirche."
„Also dann, bis nachher." Herr Wolf legte auf.

Als Niko den Hörer sinken ließ, hielt es seine Mutter nicht mehr aus und fragte: „Und was ist? Was wollte der Pfarrer von dir?"
„Du weißt doch, dass ich diese ganzen Briefe bekomme. Jetzt hat Herr Wolf einen erhalten und lädt mich heute Nachmittag ein, um mir den Stern über dem Altar zu zeigen."
Sophie steckte ihren Kopf hinter ihrer Mutter hervor und piepste: „Den großen Stern? Den will ich auch gerne sehen. Mama, darf ich mit?"
Mama sah erst sie und dann Niko an. „Von mir aus. Niko, würdest du sie mitnehmen?"
Niko war das gar nicht recht. Die Briefe waren seine Sache. Aber seine kleine Schwester bettelte so ausdauernd, dass Niko irgendwann nachgab und seufzte: „Na gut, dann nehme ich dich eben mit."
Sophie hüpfte jubelnd davon.

Zwei Stunden später drückten Niko und Sophie die dicke Kirchentür auf und sahen Herrn Wolf vorne am Altar stehen.
Der Pfarrer rief: „Ah, hallo ihr beiden, da seid ihr ja, dann kann es losgehen."
Zusammen gingen sie in die Sakristei und Herr Wolf zeigte ihnen, dass dort ein Seil angeknotet war, das durch die Decke führte und über dem Altar wieder herauskam.
„Sophie und Niko, ihr lasst den Stern nun langsam nach unten und ich gehe in den Kirchenraum und sage euch Bescheid, wenn er tief genug hängt."
Sophie und Niko griffen nach dem Seil und ließen es nach und nach los, bis sie Herrn Wolf rufen hörten: „Stopp, das reicht!"
Sie banden das Seil wieder am Haken fest und gingen zum Altar. Der weiße Stern hing wenige Zentimeter über dem Boden, nun konnten sie sehen, wie riesig er war – größer als Sophie.
„So, da ist er. Wisst ihr, dieser Stern ist schon sehr alt. Er hängt schon

seit fast 100 Jahren hier in unserer Kirche. Jeden Samstag vor dem ersten Advent baut ihn die Küsterin zusammen und bindet ihn an das Seil. Er war schon alt, als ich hier Pfarrer wurde. Immer, wenn ich ihn sehe, muss ich an die Geschichte denken, die sich mit ihm verbindet."
„Eine Geschichte?", fragte Niko.
„Ja, ein Mann, der damals hier in unsere Gemeinde ging, hat ihn mitgebracht. Seine Eltern waren Missionare in Afrika gewesen, bei den Herrnhutern, und er ist als Junge in eines ihrer Schülerheime gegangen."
„Was sind denn die Herrnhuter?", fragte Sophie.
„Die Herrnhuter sind nach einem Dorf benannt, das ganz im Osten Deutschlands liegt, nicht weit von der polnischen und tschechischen Grenze entfernt. Dort hatte im 18. Jahrhundert ein Graf von Zinzendorf seine Ländereien und gab einer Gruppe von Christen, die wegen ihres Glaubens fliehen mussten, eine neue Heimat. Er hieß übrigens Nikolaus wie du, Niko. Die Christen gründeten auf seinem Land eine neue Stadt, Herrnhut."
Inzwischen hatte Herr Wolf den Stern oben ein bisschen geöffnet und fing an, die alte Glühbirne herauszudrehen. Sophie stand neben ihm und machte sich einen Spaß daraus, die Spitzen zu zählen. Die höchste Zahl, die sie kannte, war fünfzehn. Weiter kam sie nicht.
„Und was haben diese Herrnhuter mit dem Stern zu tun?", fragte Niko ein wenig ungeduldig.
„Nun, die Herrnhuter sind in die ganze Welt gegangen, um von Jesus zu erzählen. Weil das aber damals ziemlich gefährlich war, haben sie ihre Kinder in den Schülerheimen gelassen. Diese waren manchmal ganz schön einsam und ich kann mir vorstellen, dass sie auch oft Angst um ihre Eltern hatten. Besonders in der Adventszeit muss das schwierig gewesen sein. Deshalb hatten die Lehrer die Idee, mit den Kindern Sterne zu basteln, die sie immer daran erinnern sollten, dass jemand auf sie aufpasst, wenn alles um sie herum dunkel ist. Der

Stern erinnert uns an Jesus, über dessen Geburtstort auch einer hing und den Menschen den Weg wies. So, das war's."
Herr Wolf schloss den Stern wieder.
„Ich kann mir vorstellen, dass auch der Mann, der diesen Stern vor so langer Zeit mitgebracht hat, das genau wegen dieser Botschaft getan hat. Jesus ist das Licht im Dunkeln. Er ist das Licht der Welt. Bleibt hier, ich ziehe den Stern wieder nach oben, sagt mir, wenn er gut hängt."
Er ging in die Sakristei und gleich darauf begann der Stern in die Höhe zu schweben. Gleichzeitig riefen Niko und Sophie: „Stopp!", als er fast an der Decke angekommen war.
Als Niko und Sophie nach Hause radelten, war es dunkel und sie sahen viele helle Fenster. In vielen leuchtete ein Stern in der Dunkelheit.

Der Tag und auch die Nacht gehören dir; du hast das Sternenlicht und die Sonne geschaffen.

Psalm 74,16

22. Dezember

Goldene Äpfel

Endlich Ferien! Niko machte die Augen auf – und schloss sie erst einmal wieder. Herrlich! Zwei Wochen ohne Schule und in zwei Tagen war Weihnachten. Besser konnte es gar nicht werden.
Niko zog die Decke bis zum Kinn und seufzte glücklich. Doch dann schlug er die Augen wieder auf – er hatte ja etwas vor! Heute würden sie den Weihnachtsbaum aufstellen und schmücken. Niko stieg aus dem Bett und schlich sich die Treppe hinunter. *Ich kann ja schon einmal nachsehen, ob wieder ein Brief für mich da ist,* dachte er, als er im Hausflur stand.
Er öffnete die Tür und – jawohl! – da lag ein Umschlag auf der Fußmatte. Niko ging mit dem Brief ins Wohnzimmer, machte es sich mit einem Kissen und der Wolldecke auf dem Sofa gemütlich und öffnete den Umschlag.

Lieber Niko,
heute will ich dir meine letzte Geschichte erzählen. Sicher freust du dich schon darauf, den Weihnachtsbaum zu schmücken. Aber weißt du auch, dass der Glasschmuck, der so schön im Kerzenlicht funkelt, eine besondere Bedeutung hat?
Der Tannenbaum erinnert uns nicht nur daran, dass Jesus neues Leben bringt, er erinnert auch an einen bestimmten Baum in der Bibel, den Baum der Erkenntnis von Gut und Böse im Paradies, von dem Adam und Eva die verbotene Frucht gegessen haben. Früher glaubten die Leute, dass diese Früchte Äpfel gewesen sind, weshalb Eva auf alten Gemälden meistens einen solchen an Adam weiterreicht. So haben die Menschen an Weihnachten ihren Baum mit Äpfeln geschmückt und

weil es schöner aussah, haben sie welche aus Gold genommen, wenn sie es sich leisten konnten. Doch vielen war das zu teuer, und davon erzählt meine Geschichte.

„Oh nein!", rief Pfarrer Böhm, als ihm die Kerze hinunterfiel und vor dem Altar in mehrere Teile zerbrach. „Pass doch auf, du Tollpatsch", schimpfte er mit sich selbst und seufzte. „Jetzt haben wir dieses Jahr schon so wenige Kerzen und ich lasse auch noch eine fallen. Na ja, wird wohl niemandem auffallen."
Er summte vor sich hin, während er erst die Kehrschaufel holte, die zerbrochene Kerze entsorgte und dann nach und nach die goldenen Äpfel und Walnüsse sorgfältig an den Baum hängte. Als er fertig war,

trat er ein paar Schritte zurück, strich sein Jackett über dem Bauch glatt und nickte, sehr zufrieden mit sich. „Das kann sich doch sehen lassen!", sagte er laut in die leere Kirche hinein.

„Was kann sich sehen lassen?", fragte eine Stimme hinter ihm. Pfarrer Böhm drehte sich um zu Peter Greiner, dem Glasbläser, der neben dem Pfarrhaus wohnte.
„Na, der Baum!", sagte Böhm. „Ich denke, ich habe das Beste aus dem gemacht, was wir hatten."
Es war ein hartes Jahr gewesen, die Einnahmen der Glasbläser in Lauscha waren gesunken, viele Familien drehten jedes Geldstück zweimal um und so waren auch nicht viele Kerzen für den Weihnachtsbaum in der Kirche gespendet worden.
Meister Greiner nickte. „Sieht schön aus", stimmte er zu. „Gut, dass wir den goldenen Schmuck haben. Zuhause hängen bei uns nur Kugeln, die ich aus Glasresten geblasen habe. Gold kann ich mir im Moment nicht leisten."
Pfarrer Böhm nickte. Er wusste um die schwierige Situation der Glasbläser. Zusammen gingen die Freunde zur Kirchentür. Als sie in die Kälte hinaustraten, bemerkte Pfarrer Böhm, dass sich eine Gestalt in den Windschatten an der Mauer drückte. Böhm verabschiedete sich von Peter Greiner und ging zu dem Mann, den er nicht erkannte.
„Guten Abend, guter Mann. Suchen Sie etwas?", fragte er.
„Nein, ich suche nichts", antwortete der Mann, dessen Gesicht unter einem zerrissenen Hut kaum zu sehen war, und duckte sich noch enger an die Wand.
„Ich wollte mir gerade eine Tasse Tee machen", sagte Pfarrer Böhm. „Wollen Sie mir Gesellschaft leisten? In der Stube ist es warm."
Der Mann schaute ihn fragend an und als er das nette Lächeln des kleinen, dicken Pfarrers sah, stand er auf.
Pfarrer Böhm führte seinen Gast ins Pfarrhaus, kochte Tee und holte Brot und Butter aus der Küche. Dann setzte er sich und sah zu, wie der Mann, dessen Kleidung voller Löcher und Flicken war, eine Scheibe Brot nach der anderen verschlang.
Vorsichtig versuchte er den Fremden in ein Gespräch zu verwickeln,

aber der erzählte nicht viel. Als er satt zu sein schien, stand er auf, murmelte so etwas wie einen Dank und dass er jetzt leider weiter-müsse. „Aber bleiben Sie doch noch!", rief Böhm und stand ebenfalls auf.

Doch der Mann war schon auf den Flur hinausgetreten und öffnete die Haustür. Als Böhm dort ankam, war er schon im Dunkeln verschwunden.

Kopfschüttelnd sah ihm Böhm hinterher und schloss dann die Tür wieder.

„Merkwürdiger Geselle", sagte er zu sich, während er das Geschirr wegräumte. Als er im Bett lag, dacht er immer noch an den Fremden und schickte ein Gebet für ihn zu Gott. Dann schlief er ein.

Doch als er am nächsten Morgen – es war Heiligabend – pfeifend die Kirchentür öffnete, wartete eine böse Überraschung auf ihn: Der Weihnachtsbaum am Altar war grün und nackt. Aller Goldschmuck war verschwunden – und am Boden vor dem Baum lag der alte Hut des Fremden.

In diesem Moment wurde Niko unterbrochen. Seine Eltern waren wohl aufgestanden, denn er hörte seinen Vater in der Küche rumoren. Sophie kam ins Zimmer gerannt, sprang zu ihm aufs Sofa und rief: „Spielst du was mit mir, Niko?"
Seufzend legte Niko den Brief weg. Gerade jetzt, wo es so spannend wurde! Er bastelte mit Sophie, dann brachte er mit Papa den Baum ins Wohnzimmer, sie fingen mit dem Schmücken an und so verging der ganze Tag. Der Brief lag vergessen im Wohnzimmer. Erst beim Abendessen erinnerte sich Niko an ihn.
„Ich will nach dem Essen noch meinen Brief fertig lesen", sagte er. „Heute Morgen habe ich das nicht geschafft."
„Tut mir leid, Niko, aber das wird nicht gehen", sagte seine Mutter. „Wir machen morgen alle zusammen den Weihnachtseinkauf und da will ich sehr früh los, weil sonst die Geschäfte so voll sind. Deshalb müsst ihr gleich nach dem Essen ins Bett."
Aller Protest half nichts. Niko musste ins Bett, ohne die Geschichte der gestohlenen Goldäpfel fertig gelesen zu haben.

Wer von euch ohne Sünde ist, der soll den ersten Stein auf sie werfen!

Johannes 8,7

23. Dezember

Das Geschenk

Der geheimnisvolle Briefeschreiber hat wohl Kameras aufgehängt! dachte Niko, als er am nächsten Morgen den Brief las, den Sherlock ihm brachte:

Lieber Niko,
du warst gestern wohl zu beschäftigt, was? Wie wäre es, wenn du die Geschichte von Pfarrer Böhm heute in Ruhe fertig liest und ich melde mich dann morgen wieder bei dir mit meinem letzten Brief.

Und genau das tat Niko dann. So ging die Geschichte weiter:

Pfarrer Böhm war wie erstarrt: Alle Äpfel, alle Walnüsse, der ganze kostbare Schmuck, alles war verschwunden! Langsam ging er den Mittelgang hinunter, hob den Hut auf und blickte ihn ratlos an. Was sollte er jetzt nur tun?
Hinter ihm knarrte die Kirchentür. Die Männer des Posaunenchores kamen zu ihrer Probe, sie redeten und scherzten, während sie sich den Schnee von den Stiefeln klopften.
Als sie den Pfarrer mitten in der Kirche stehen sahen, rief einer ihm zu: „Na, Böhm, überlegst du noch, ob du wirklich schon den Baum schmücken musst?" Alle lachten. „Wo ist denn der Goldschmuck?"
Doch als sich der Pfarrer zu ihnen umdrehte und sie sein ratloses Gesicht sahen, verstummte ihr Lachen. Er versteckte den Hut schnell

hinter seinem Rücken und zögerte etwas. Dann sagte er blinzelnd: „Nein, ähm, also, wir werden dieses Jahr mal keinen Goldschmuck haben."

Die Männer schauten ihn überrascht an. Sie begriffen nicht und protestierten, doch Böhm schüttelte hartnäckig den Kopf.

Nur Peter Greiner sah den Pfarrer an und schien zu verstehen. Er ging zu Böhm und legte ihm die Hand auf die Schulter: „Keine schlechte Idee. Ich gehe sofort zu allen Glasbläsern und hole mir ihre Reste. Und dann mache ich uns Äpfel aus Glas." Er dreht sich um und ging. Dankbar blickte ihm der Pfarrer hinterher.

Am Abend, als die Kirche brechend voll war, erstrahlte der Weihnachtsbaum in völlig neuem Glanz. Greiner hatte auch farbiges Glas in seinen Kugeln verarbeitet und jede brach das Licht der Kerzen in tausend Funken. Der ganze Baum schien nur aus Licht zu bestehen.

Der Bürgermeister kam zu Böhm, klopfte ihm auf den Rücken und rief: „Das ist die beste Idee, die Sie je hatten, Herr Pfarrer! Ein Weihnachtsbaum mit Glasschmuck ist genau das Richtige für unsere Gemeinde. Gut gemacht!"

Böhm sagte dazu nichts. Er dachte an den Fremden, der irgendwo da draußen versuchte, den goldenen Schmuck gegen etwas zu Essen zu tauschen.

Der Gottesdienst begann und verlief

ungestört. Doch mitten in der Predigt wurde auf einmal die Tür von außen mit Schwung aufgestoßen. Alle drehten sich um. Herein kam der Dorfpolizist. In einer Hand trug er einen Beutel, mit der anderen hielt er einen Mann am Kragen fest und schleppte ihn in die Kirche. Pfarrer Böhm zog erschrocken die Luft ein. Es war der Fremde.
Böhm stieg schnell von der Kanzel herunter. Der Polizist rief ihm entgegen: „Ich habe den Christbaumschmuck gefunden! Diesen Halunken hier habe ich auf der Straße aufgegabelt, er hatte ihn in seinem Sack!"
Ein Raunen ging durch die Gemeinde. Der Pfarrer schaute sich um und sah in die empörten Gesichter seiner Nachbarn und Freunde. Der Polizist schüttelte den Mann und dröhnte: „Er hatte die Dreistigkeit zu behaupten, Sie hätten ihm die Goldäpfel geschenkt!" Wütende Rufe waren zu hören: „So eine Frechheit!", „Ins Gefängnis mit ihm!", „Was meint er, wer er ist?"
Pfarrer Böhm hob die Hand. Es wurde ruhig. Dann sah der kleine, dicke Pfarrer dem Polizisten ins Gesicht und sagte: „Aber das stimmt. Das hat alles seine Richtigkeit. Ich habe diesem Mann den Goldschmuck geschenkt. Er kam an meine Tür, hatte offensichtlich Hunger und ich hatte nichts anderes zu geben. Und an Weihnachten kann ich doch niemanden von meiner Schwelle weisen, meint ihr nicht auch?"
Die Kirche war vollkommen still. Alle starrten den Pfarrer mit offenen Mündern an. Und der Fremde hob den Kopf und sah ihm ins Gesicht. Böhm blickte ihn nur an und nickte. „Nimm den Schmuck, wie ich schon sagte, mein Freund. Wir hoffen alle, dass du ihn gut gebrauchen kannst. Und wie du siehst – wir haben schon neuen Baumschmuck. Der Bürgermeister hat mir bestätigt, dass er sogar noch schöner ist als der alte."
Er nahm dem Polizisten den Beutel aus der Hand und gab ihn dem Mann. Der Polizist ließ dessen Kragen los. Langsam, zögernd nahm

der Fremde die Tasche und ging den Mittelgang hinunter. Fast an der Tür drehte er sich noch einmal um. Immer noch war es völlig still. Und dann fiel die Kirchentür hinter ihm ins Schloss.

Und der König wird ihnen entgegnen: „Ich versichere euch: Was ihr für einen der Geringsten meiner Brüder und Schwestern getan habt, das habt ihr für mich getan!"

Matthäus 25,40

24. Dezember

Herzlich willkommen

Als Niko die Augen aufschlug, war er sofort hellwach und wusste: Der längste Tag des Jahres war angebrochen. Die Stunden bis zur Bescherung würden sich wie Kaugummi ziehen. Doch eines ließ Niko trotzdem aufstehen. Heute würde er den letzten Brief bekommen und endlich erfahren, wer ihm all diese spannenden Erlebnisse geschenkt hatte.
Am Frühstückstisch kam das Gespräch auch sehr schnell auf die außergewöhnliche Adventszeit, die Niko erlebt hatte. Er hatte seiner Familie immer von den vielen Bräuchen erzählt, die er kennengelernt hatte und sie hatten zusammen gestaunt, auf wie viele verschiedene Arten die Menschen Weihnachten feierten.
„Hast du schon eine Idee, wer dir die Briefe schreibt?", fragte seine kleine Schwester.
„Nein, ich habe keine Ahnung", antwortete Niko. „Einmal habe ich versucht, Sherlock zu folgen, aber er ist mir davongelaufen. Heute wird das Geheimnis wohl gelüftet."
Genau in diesem Moment klingelte es. Niko und seine Geschwister sprangen auf und liefen in den Flur. Lukas war der Schnellste, doch als er die Tür aufriss, war der Bote schon weg. Auf der Matte lag der letzte rote Brief.
Niko machte ihn auf und las laut vor, während seine Familie um ihn herumstand:

Lieber Niko,
heute ist der letzte Tag des Advents und dies wird mein letzter Brief sein. Bestimmt fragst du dich schon seit Tagen, welchen besonderen

Weihnachtsbrauch ich mir für den Heiligabend aufgehoben habe. Nun – das weiß ich selbst noch nicht. Du hast in den letzten Wochen so viel darüber gehört, was sich die Menschen ausgedacht haben, um Jesus willkommen zu heißen. Alle diese Bräuche sind schön und machen uns Freunde. Doch heute kannst du deine eigene Tradition hinzufügen. Wie willst du den Geburtstag von Jesus feiern? Was wäre ein gutes Geschenk für ihn? Denke dir einen neuen Brauch für deine Familie aus – ich bin gespannt!
Gesegnete Weihnachten.

Natürlich war es Lukas, der zuerst sprach: „Da hätte ich eine Idee! Wir könnten doch ..." Und dann redeten alle durcheinander. Jeder wusste etwas anderes. Doch Niko hörte nur zu und lächelte.
Irgendwann sah ihn seine Mutter an und sagte: „Und, Niko? Welche Idee findest du am besten?"
Niko erwiderte: „Ich weiß schon, was ich machen werde. Wartet nur ab." Und damit ließ er die anderen im Hausflur stehen und ging in sein Zimmer, um sich anzuziehen.
Der Tag verging, der Gottesdienst verstrich, es wurde dunkel und noch immer hatte Niko mit keinem Wort verraten, was er sich für den Abend ausgedacht hatte. Als sie nach der Kirche wieder zu Hause ankamen, blieb Niko vor der Haustür stehen und sagte: „Ich muss noch mal los. Wartet bitte mit der Bescherung und dem Essen auf mich, es dauert nicht lange."
Damit drehte er sich um und verschwand. Seine Eltern und Geschwister schauten ihm ratlos hinterher. „Was er nur vorhat?", murmelte sein Vater.
Doch das sollten sie bald erfahren. Das Weihnachtszimmer hatte sich gerade geöffnet, die Kerzen am Baum brannten, da klingelte es endlich an der Tür. Mama öffnete. Draußen stand Niko. Und hinter

ihm ein alter Mann mit langem Bart und zerlumpter Kleidung. Neben ihm wedelte ein struppiger Hund mit dem Schwanz.
„Mama, das ist Gunter. Und sein Hund heißt Stövchen. Gunter und Stövchen haben keinen Platz, wo sie Weihnachten feiern können. Deshalb habe ich die beiden für heute Abend zu uns eingeladen."

Mama wusste erst nicht, was sie sagen sollte. Ihr Gesicht zeigte abwechselnd Überraschung und Mitleid. Doch dann schien sie sich einen Ruck zu geben, lächelte zögernd, hielt die Tür noch weiter auf und sagte: „Natürlich. Das ist die beste Art, Weihnachten zu feiern. Herzlich willkommen, Gunter. Und Stövchen."
Auch der Rest der Familie war nicht sofort begeistert. Sophie freute sich über Stövchen, die ihr dankbar die Hand leckte, aber Gunter mit seinem Bart war ihr ein wenig unheimlich. Als er dann anfing, ihr eine lustige Geschichte zu erzählen, war sie überzeugt und saß den Rest des Abends auf seinem Schoß.
Nicht lange danach klingelte es wieder an der Tür. Niko ging und öffnete. Sein Opa stand draußen und strahlte. Er trug einen roten Strickpulli mit einem großen goldenen Stern auf der Brust.
„Du warst der Briefeschreiber!", rief Niko und warf sich in seine Arme. Sein Opa lachte und hielt Niko fest.
„Ich musste dir doch deine Frage beantworten", sagte er, „aber mir haben viele Leute geholfen. Darf ich dir den Besitzer von Sherlock vorstellen, meinen alten Freund Karl?" Da bemerkte Niko den lächelnden älteren Herrn hinter Opa, der Sherlock an der Leine hielt.

Es wurde der lustigste Weihnachtsabend, den die Familie je erlebt hatte. Sherlock und Stövchen lagen zusammen unter dem Weihnachtsbaum und naschten ein Plätzchen nach dem anderen aus Sophies Hand. Papa schenkte Gunter den Pulli, den er bekommen hatte. Opa und Lukas sangen zweistimmig, bis Mama Tränen lachte und Gunter und Karl entdeckten, dass sie beide aus der gleichen Stadt stammten.
Es war schon sehr spät, als sich die Gäste verabschiedeten. Gunter schüttelte Niko die Hand und sagte zu ihm: „Lieber Niko, einen solch schönen Abend hat mir noch kein anderer Mensch geschenkt." Er gab auch Mama und Papa die Hand und dankte ihnen für ihre Gast-

freundschaft. Dann fuhren er und Stövchen mit Karl und Sherlock zu Karls Haus. Der hatte Gunter ein Zimmer angeboten. Platz genug habe er, hatte er gesagt.
Auch Opa verabschiedete sich. Niko drückte ihn zum Abschied ganz fest. „Danke", flüsterte er ihm ins Ohr. Opa lächelte und drückte ihn auch.
Und dann stand die ganze Familie an der offenen Haustür und sah ihm hinterher. Mama legte Niko den Arm um die Schulter und sagte:

„Lieber Niko, das war das beste Geburtstagsfest für Jesus, das wir je gefeiert haben. Ich weiß, dass es ihm auch gefallen hat. Das machen wir ab jetzt jedes Jahr."
Niko, Lukas, Sophie und Papa riefen alle gleichzeitig: „Na klar!"

Denn ich war hungrig, und ihr habt mir nichts zu essen gegeben. Ich war durstig, und ihr gabt mir nichts zu trinken. Ich war ein Fremder, und ihr habt mich nicht in euer Haus eingeladen.

Matthäus 25,42

Liebe Eltern,

alle in diesem Buch beschriebenen Bräuche gibt es und auch die Geschichten oder Legenden über die Entstehung der Lieder oder Traditionen. Dabei sind Fehler in historischen, örtlichen oder sachlichen Details Absicht und reine künstlerische Freiheit.

Als Erfinder des Adventskalenders gilt Gerhard Lang, ein Pfarrerssohn aus Maulbronn. Er arbeitete als Buchdrucker in München und brachte 1904 den ersten Bilderkalender für Kinder heraus. Er erinnerte sich daran, dass ihm seine Mutter als Kind 24 Wibele auf einen Karton band, um das Warten auf Weihnachten zu verkürzen.

Herrnhuter Sterne werden etwa seit 200 Jahren gebastelt, zuerst in den Internatsstuben der Herrnhuter Brüdergemeine, in denen die Missionarskinder untergebracht waren, deren Eltern in Übersee waren, später auch für den Verkauf.

Den Brauch, am Luciatag Häuschen auf dem Fluss schwimmen zu lassen, das Lucien-Häuschen-Schwimmen, gibt es im oberbayrischen Fürstenfeldbruck und in der Gemeinde Grafrath bis heute. Er bezieht sich auf die Legende aus dem Jahr 1758, die ich in meiner Geschichte beschrieben habe. Damals bedrohte ein Hochwasser des Flusses Amper die Stadt.

„Stille Nacht, Heilige Nacht" wurde von Franz Xaver Gruber und Joseph Mohr geschrieben, der Überlieferung nach für den Weihnachtsgottesdienst 1818 in Obernfeld bei Salzburg, wo sie das Lied zum ersten Mal zu Gitarrenbegleitung aufführten. Der Grund dafür soll die kaputte Orgel gewesen sein.

Es wird die Geschichte erzählt, dass Christbaumkugeln aus Glas 1847 von einem armen Glasbläser aus dem thüringischen Lauscha erfunden wurden, der sich den teuren vergoldeten Schmuck nicht leisten konnte.

Johannes Falk (1768–1826), der Dichter von „O du fröhliche" aus Weimar, war ein erstaunlicher Mann. Er hat in der Zeit nach den napoleonischen Kriegen, als Weimar zerstört und ausgeplündert worden war und die Bevölkerung bitteren Hunger litt, Waisenkinder bei sich aufgenommen und ihnen ein besseres Leben ermöglicht. Am Ende seines Lebens nannten ihn etwa 500 Kinder „Vater Falk".

Gesegnete Weihnachten!
Sandra Binder
im März 2016